Kleine Räume

Terence Conrans

Kleine Räume

Optimal genutzt und phantasievoll eingerichtet

Deutsche Verlags-Anstalt
München

Für meine Enkelkinder, damit sie kleine Räume schätzen lernen.
Sam, Max, Felix, Coco, Finbar, Rose and Harry – und für das Baby von Tom und Cynthia,
das noch einen ganz besonderen kleinen Raum bewohnt, während ich dieses Buch schreibe.

Aus dem Englischen übersetzt von Wiebke Krabbe

Erschienen 2001 unter dem Titel *Terence Conran on Small Spaces* bei
Conran Octopus Limited
a part of Octopus Publishing Group
2–4 Heron Quays, London E14 4JP

Lektoratsleitung: Lorraine Dickey
Lektorat: Bridget Hopkinson
Fachlektorat: Liz Wilhide
Art Director: Leslie Harrington
Gestaltung: Lucy Gowans
Bildbeschaffung: Clare Limpus
Auftragsfotos: Thomas Stewart
Styling der Fotoproduktion: Lyndsay Milne
Herstellungsleitung: Zoë Fawcett
Herstellung: Alex Wiltshire

Satz der deutschen Ausgabe: Edith Mocker, Eichenau

Die Deutsche Bibliothek – CIP-Einheitsaufnahme
Ein Titelsatz für diese Publikation ist bei der Deutschen Bibliothek erhältlich.

ISBN 3-421-03566-0

Printed in China

Inhalt

Einleitung

Raum ist der größte Luxus unserer Zeit

In den Städten, in denen heute immer mehr Menschen leben, trifft das ganz besonders zu. Man muss nur die Immobilienanzeigen durchblättern oder einen Blick auf die Aushänge in den Fenstern der Makler werfen, um zu erkennen, dass ehemals durchschnittliche Wohnungen inzwischen schon als geräumig gelten. Und kommt noch der Faktor der bevorzugten Lage hinzu, dann schrumpft der Durchschnitt erheblich weiter zusammen.

Gegenüber: Die New Yorker Architekten LOT/EK, Spezialisten für kreatives Recycling, haben einen alten Lkw-Container auf das Dach eines Wohnblocks in Manhattan gesetzt, um einen zusätzlichen Raum für eine vorhandene Wohnung zu schaffen. Wände und Decke dieses unkonventionellen »Penthouse« wurden an einer Seite entfernt, sodass eine Dachterrasse entstand.

Der Raum in den Städten ist teuer, denn gerade dort ist die Nachfrage am höchsten. Das Stadtleben ist ein Leben in der Menge. Überfüllte Pendlerzüge, verstopfte Straßen und hektische Büros führen dazu, dass die meisten von uns mit einem ständigen Mangel an seelischem und körperlichem Freiraum leben müssen. Es macht doch einen Unterschied, ob man sich nach einem Spaziergang auf ein windumtostes Moor

Oben links: Ein Iglu ist zweifellos klein, doch hat es eine sehr elementare Ausstrahlung, weil es quasi den Inbegriff eines Schutzraumes verkörpert.

Oben rechts: Preisgekrönt, umweltfreundlich und beweglich: die schwedischen Designer dieses Ferienhauses haben das »Wohnmobil« neu erfunden.

in ein kuscheliges Landhäuschen zurückzieht oder ob man sich durch die Rushhour kämpft, um sich schließlich auch zu Hause eingezwängt zu fühlen. Bei dem permanenten Druck des Stadtlebens ist es nicht verwunderlich, dass die meisten Menschen die Qualität eines Raumes allein nach der Größe beurteilen.

Traumhäuser sind fast immer geräumig – wirkliche Häuser und Wohnungen dagegen sind oft klein. Ob in der Stadt oder auf dem Land, die meisten Menschen müssen früher oder später ihre Träume auf das Maß der Realität zurechtstutzen und mit weniger zurechtkommen, als sie sich eigentlich gewünscht hätten. Nun müssen Wohnungen mit begrenztem Platz keineswegs ein Negativum sein. Dieses Buch will demonstrieren, wie sich durch intelligente Gestaltung Raum schaffen lässt. Es will beweisen, dass »klein« nicht zwangsläufig bedeutet, Kompromisse zu machen, sondern vielmehr sehr reizvoll sein kann.

Nun wirft ein Buch über kleine Räume natürlich die Frage auf, was »klein« denn eigentlich genau ist. Wie die meisten Raumbegriffe ist auch der Begriff »klein« relativ. Ein-Zimmer-Appartements sind von Natur aus eher klein – es sei denn,

man redet über den Loft in der alten Fabriketage und nicht über das Wohnschlafzimmer mit Kochnische. Eine Zweizimmerwohnung kann für eine vierköpfige Familie sehr eng sein, für eine Einzelperson dagegen recht geräumig. Doch es geht um wesentlich mehr als die reine Quadratmeterzahl pro Person. Ein Haus kann vordergründig reichlich Platz bieten, aber so aufgeteilt sein, dass manche Bereiche zu ungünstig geschnitten sind, um funktional zu sein. Manchmal ändern sich auch die Lebensumstände. So kann ein Haus, das zum Wohnen durchaus angemessen ist, plötzlich zu klein werden, wenn dort auch der Arbeitsplatz untergebracht werden soll. Wir Menschen sind nun einmal so strukturiert, dass wir es fast immer gern ein bisschen größer hätten.

Oben links: Auch kleine Räume können ganz zauberhaft wirken – wie dieses Bootshaus mit dem Lampionschmuck beweist.

Oben rechts: Zimmer mit Aussicht – das Häuschen der Rettungswacht in South Beach im amerikanischen Miami hat einen skurrilen Charme.

Unten links: Nirgends auf der Welt ist Platz so knapp wie in Japan. Ein Hotel in Tokio bietet Übernachtungskammern an, die an Erbsen in der Schote erinnern – für Menschen mit Klaustrophobie völlig ungeeignet.

Mit anderen Worten: Auch wer nicht in einer Kammer oder einem Mini-Appartement lebt, wird in diesem Buch Ideen und Lösungsvorschläge finden, die einen Gewinn an Wohnqualität mit sich bringen.

Zuerst einmal geht es darum, »klein« positiv zu betrachten. Der hohe Marktwert von Wohnraum führt allzu leicht dazu, dass kleine Räume automatisch als minderwertig oder zweitklassig gelten. Das wiederum verstellt den Blick auf die vielen Vorteile, die kleine Räume sowohl praktisch als auch psychologisch zu bieten haben.

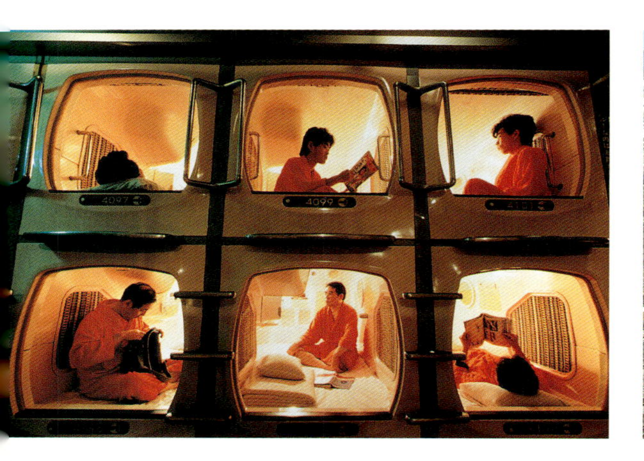

Praktisch gesehen verursachen kleine Räume geringere Kosten in Bezug auf Heizung, Beleuchtung und Reinigung. Die großen Häuser vergangener Jahrhunderte stammen aus Zeiten, in denen Arbeitskraft noch preiswert war und Dienstboten hinter den Kulissen wirkten, um alles in Ordnung zu halten. Selbst mit modernen technischen Geräten kostet es allerlei Zeit und Mühe, einen solchen Haushalt in Schuss zu halten – vor allem, wenn beide Partner ganztags berufstätig sind. Außerdem bleiben große Räume nicht unbedingt lange geräumig. Es scheint ein ungeschriebenes Gesetz des Wohnens zu geben, demzufolge Krimskrams die Tendenz hat, sich auszubreiten und den verfügbaren Platz – ganz gleich, wie groß er sein mag – zu vereinnahmen. Vielleicht ist das eine Spielart der Tatsache, dass die Natur kein Vakuum kennt. In dieser Hinsicht sind kleine Räume kostengünstig, weil sie dem gedankenlosen Sammlertrieb klare Grenzen setzen.

Oben: Platz zu sparen hat mit Flexibilität zu tun. Dieses australische Bett auf Schienen erlaubt die Wahl zwischen einer Nacht im Haus oder – bei gutem Wetter – unter dem Sternenhimmel.

Gegenüber: Das NhEW House ist ein flexibler Bau aus leichten Modulplatten, die an Aluminiumrahmen mit Scharnieren befestigt sind. Es ist transportabel und schnell umzubauen, um es individuellen Bedürfnissen anzupassen.

Unter psychologischen Gesichtspunkten ist der größte Vorzug kleiner Räume, dass sie das Gefühl von Geborgenheit vermitteln. Der aktuelle Trend des Minimalismus mag vermuten lassen, dass Behaglichkeit auf der Prioritätenliste modernen Wohnens keine hohe Position einnimmt. Dennoch findet kaum jemand große, leere Räume wirklich gemütlich. Der Instinkt, ein nestartiges Gefühl der Umschlossenheit zu schaffen, ist tief in der menschlichen Psyche verankert. Für unsere Vorfahren waren die Höhlen, Schanzen, Burgen zugleich Schutz vor den

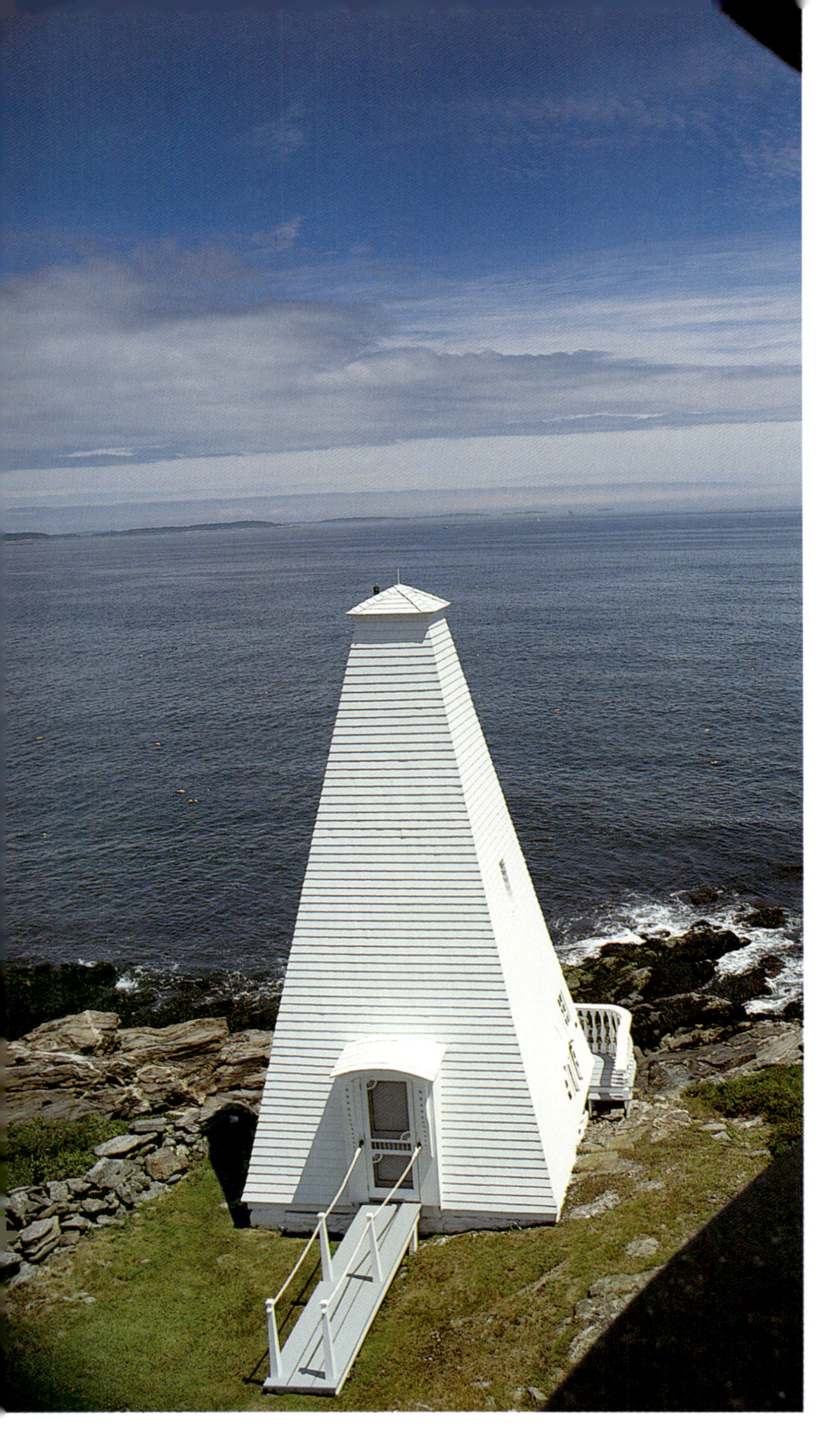

Elementen und vor Eindringlingen. Haustiere wie Katzen und Hunde sind von Geburt an darauf programmiert, sich kleine, abgeschlossene Plätze zu suchen, selbst wenn in ihrer Umgebung keine unmittelbare Gefahr droht. Und dieses Gespür für Sicherheit und Schutz haben auch wir Menschen.

Natürlich gibt es einen Unterschied zwischen Geborgenheit und Enge. Psychologen haben herausgefunden, dass zwischen den anscheinend so gegensätzlichen Angstphänomenen der Klaustrophobie und der Agoraphobie eine enge Verbindung besteht und dass eine einzelne Person durchaus an beiden leiden kann. Tatsächlich kann durch das Gefühl des Ausgeliefertseins auf großen, leeren Plätzen das gleiche Unbehagen aufkommen wie durch starke Einengung. Auf einem großen, offenen Platz fühlt man sich winzig – und das ist nicht gerade angenehm. Behaglichkeit dagegen impliziert, dass ein Raum auf die Bedürfnisse seiner Bewohner zugeschnitten ist, sodass sie sich darin wohl fühlen und entspannen können.

In seinem Werk *Poetik des Raums* beschreibt der französische Philosoph Gaston Bachelard das Haus als Ort, der Ur-Erinnerungen an Beschütztsein verkörpert. Gleichzeitig sieht er es aber auch als Raum, der konkretere Erinnerungen an bestimmte Zeiten und Ereignisse birgt. »Ist es ein aufwändigeres Haus«, fährt er fort, »so hat es vielleicht einen Keller und einen Dachboden, Nischen und Flure, und unsere Erinnerungen können sich in klar umrissenen Bereichen ansiedeln.« Solche kleinen Rückzugsorte wirken wie ein Schneckenhaus. Das Gefühl der Intimität, der Behaglichkeit und des Schutzes ist es, das den besonderen Charme von Fenstersitzen, Alkoven oder Kaminecken prägt.

Es gibt viele andere kleine Plätze, deren begrenzter Raum gerade ihren Reiz ausmacht. Versuchen Sie einmal, sich an Momente zu erinnern, in denen Sie solche Gefühle erlebt haben. Mir fällt da ein Hotel in Stockholm ein, das unglaublich kleine Zimmer hatte. Nun bin ich ein etwas großformatiger Mensch, nicht gerade geschaffen für kleine Räume, und ich war gelinde entsetzt, als man mir mein Zimmer zeigte. Aber

Oben: Ein ehemaliger Leuchtturm an der Küste des US-Staates Maine ist ein behaglicher Rückzugsort vor der Geschäftigkeit der Welt. Die Qualität eines Raums entsteht nicht unbedingt durch seine Größe – klein kann ganz zauberhaft sein.

Oben rechts: Ein Kastenbett in einem Alkoven vermittelt die Gemütlichkeit einer Schiffskabine. Die großen Schubladen sorgen für reichlich Stauraum. Die passgenaue Verarbeitung und die natürlichen Oberflächen machen den besonderen Charme aus.

schon nach einer kurzen Zeit stellte ich fest, dass ich mich ausgesprochen entspannt fühlte. Wer auch immer diesen Raum entworfen hatte, muss das Geschick eines Bootsbauers besessen haben, denn alles war sehr kompakt und optimal durchdacht. Ein an der Decke montierter Fernsehschirm schwebte auf Knopfdruck auf Augenhöhe herab, einen kleinen Tisch konnte man von der Wand ausschwenken. Sogar in der Dusche gab es einen hölzernen Klappsitz, auf dem man sich bequem niederlassen konnte. In einer Nische hinter einer Jalousie stand ein Schreibtisch mit Schreibutensilien bereit. Zog man die Jalousie hoch, schaltete sich eine Lampe ein, um die Ecke behaglich zu beleuchten. Ein kleines Benutzerhandbuch wäre hilfreich gewesen, um den Gast in all die Tricks einzuweihen, doch die Funktionalität des Raumes war einfach ein Vergnügen.

Ich glaube, der Reiz dieses Stockholmer Hotelzimmers lag darin, dass man das Gefühl hatte, seine Umgebung vollständig unter Kontrolle zu haben. Im Grunde konnte man diesen Raum wie ein Auto steuern, weil alle Schaltelemente in Reichweite lagen. Vor einigen Jahren präsentierte das Londoner Design-Museum im Rahmen einer Conran-Collection-Ausstellung einen eingekapselten Arbeitsplatz, der auf dem gleichen Prinzip basiert. Die von Douglas Ball entworfene Workstation Clipper CS-1 besteht aus einer Art Kapsel, die mit Jalousien geschlossen werden kann, um einen abgeschotteten Raum zu schaffen, der konzentriertes Arbeiten ohne jegliche Ablenkung von außen ermöglicht. Die Form der Kapsel ist organisch und angenehm, die Materialien – Sperrholz und Baumwolle – natürlich und sympathisch. Der Pfiff des Designs war aber die offenkundige Anlehnung an ein Cockpit. Jeder wollte einmal probesitzen.

Verkehrsmittel liefern viele Anregungen für die Gestaltung kleiner Räume. Und das Leben auf der Straße hat einen besonderen Reiz, wenn man sein Zuhause mitnehmen kann. Ehe er dem Zauber motorisierter Fahrzeuge erlag, begeisterte sich Toad in *Der Wind in den Weiden* für einen kleinen,

Unten: Der von Douglas Ball entworfene Arbeitsplatz Clipper CS-1 lässt sich komplett abschotten, um auch in Großraumbüros ungestörtes, konzentriertes Arbeiten zu ermöglichen.

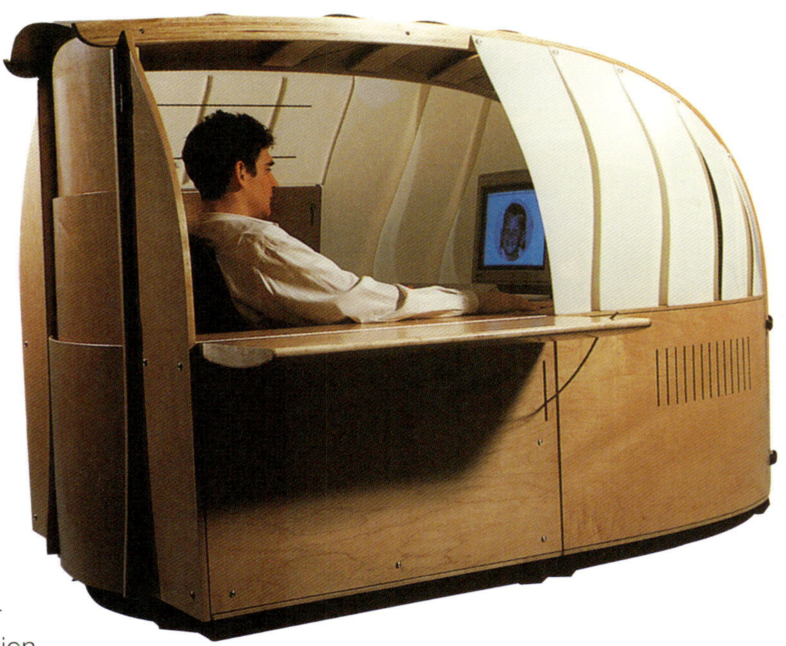

Unten: Ein gut durchdachter kleiner Raum vermittelt, ähnlich wie das Cockpit eines Flugzeugs, das Gefühl, alles unter Kontrolle zu haben.

kanariengelben Karren – einen Zigeunerwagen, der mit allem ausgestattet war, was man sich wünschen konnte. »Er war wirklich sehr praktisch und gemütlich. Kleine Kojen, ein Klapptisch an der Wand, ein Kocher, Schränke, Bücherregale, ein Vogelkäfig samt Vogel, und natürlich Töpfe, Pfannen, Krüge und Kessel in allen Größen und Formen.« Zweifellos wäre Toad ebenso begeistert gewesen von einem schicken, stromlinienförmigen Wohnmobil oder einem der liebevoll ausgestatteten Hausboote, die in Städten wie London und Amsterdam als schwimmende Wohnungen dienen. Vor vielen Jahren reiste ich in einem Eisenbahnwagen durch Indien, der Platz für sieben Fahrgäste und obendrein eine Reihe von Dienern bot. Der Wagen hatte eine eigene Küche und wurde in der Nacht auf Abstellgleisen geparkt. In seiner Funktionalität erinnerte er mich an den Schlafwagen in dem Film *Manche mögen's heiß*. Das Schlafen im Zug hat eine ganz besondere Qualität, und unser kompaktes, fahrendes »Hotel« machte diese Reise zu einer aufregenden Erfahrung.

Solche Beispiele verdeutlichen, dass kleine Räume von Natur aus einen besonderen Reiz haben. Aber ebenso wie beim Landhaus auf dem windumtosten Moor macht natürlich das Umfeld einen großen Teil dieses Charmes aus. Ein kleines Hotelzimmer kann schon darum ein angenehmer, funktionaler Stützpunkt sein, weil man sich nicht dauernd darin aufhält. Und der behagliche Wohnwagen oder Eisenbahnwaggon ist ein sicherer, vertrauter Rückzugsort, wenn man unterwegs ist und immer neue, fremde Orte erkundet. Natürlich kann man viele Details auch für die Wohnung übernehmen, oft geht es aber mehr darum, durch geschickte Aufteilung und Anordnung ein Gefühl von Geräumigkeit zu schaffen.

Marc Newsons aktueller Entwurf für den Ford 021C ist ein verblüffendes Beispiel dafür, wie auf begrenztem Raum ein Gefühl von Weite entstehen kann. Obwohl der 021C noch kleiner als ein Ford Ka ist, wirkt er wesentlich geräumiger, weil Marc Newson einige der klassischen Konzepte des Automobildesigns einfach auf den Kopf gestellt hat. Beispielsweise gibt es keine B-Säule, statt dessen hat Newson die vordere Tür vorn und die hintere Tür hinten eingehängt, sodass sie sich doppelflüglig öffnen und einen überaus bequemen Einstieg ermöglichen. Die Schaltung ist so in den Boden eingelassen, dass kein Tunnel nötig ist und die beiden Vordersitze wie eine zusammenhängende Bank wirken. Auch die äußeren

Details sprechen eine klare, einfache und praktische Formensprache, beispielsweise sind die vorderen und hinteren Scheinwerfer nicht separat installiert, sondern in eine durchgehende Leiste eingebaut. Das Modell erinnert mich an einen alten Citroën, den ich einmal besaß. Auch dieser hatte durchgehende Sitzbänke und einen ebenen Boden. Es war kein großes Auto, doch innen wirkte es recht geräumig – fast wie ein kleines Wohnzimmer mit der Windschutzscheibe als Fernseher.

Vermeidung von Hindernissen, leichter Zugang und Schlichtheit im Detail – das sind die Grundprinzipien von Nelsons Automobildesign. Diese Strategien kann man auch bei der Gestaltung kleiner Wohnräume anwenden: Im ersten Kapitel dieses Buches wird es um architektonische Lösungen gehen, die aus dem verfügbaren Platz das Maximum machen. Eng damit verbunden ist eine geschickte Einrichtung, die beispielsweise das Licht optimal ausnutzt oder abwechslungsreich und anregend wirkt, ohne gleichzeitig zu beengen.

Der Grundriss und die Ausgestaltung einer Wohnung machen allerdings nur einen Teil des großzügigen Raumgefühls aus. Für den Rest sorgen die Dinge, die man hineinstellt. Gut organisiertes Wohnen besteht aus mehr als Schuhschränken und Regalen. Es erfordert eine radikale Bestandsaufnahme aller Besitztümer und auch der Art, wie sie benutzt und auf-

Oben: Marc Newsons Entwurf für den Ford 021C vermittelt ein verblüffendes Gefühl von Geräumigkeit.

Gegenüber von oben: Das Leben unterwegs bietet viele Anregungen für die Gestaltung kleiner Räume. Der elegante Wohnwagen aus den 1940er Jahren stammt von Vosper (ganz oben), der klassische Zirkuswagen aus dem frühen 20. Jahrhundert (2. von oben). Hausboote kombinieren kompakten Wohnraum und originelles Ambiente. Dieses Hausboot in Amsterdam hat einen Parkettfußboden und einen funktionierenden Kamin (3. von oben und unten).

Oben: Der Airstream Trailer mit seinen eleganten, stromlinienförmigen Konturen ist ein echter Klassiker der Straße.

bewahrt werden. Für viele Leute – mich eingeschlossen – ist das ein heikles Thema, denn letztlich geht es dabei um die Frage, warum wir uns bestimmte Dinge anschaffen und vor allem, warum wir uns nicht wieder von ihnen trennen mögen. Eigentlich sollten wir uns glücklich schätzen, dass wir dieses Problem überhaupt haben. Wir leben in einem derartigen Überfluss, dass das Abschaffen von Dingen uns mehr Schwierigkeiten macht als das Anschaffen. Aber dieses überzeugende Argument erleichtert das radikale Ausmisten keineswegs.

Wenn, wie Bachelard sagt, Wohnräume Erinnerungen beherbergen, dann nehmen manche Erinnerungen in Form von Gegenständen, Kleidungsstücken, Stühlen, Tischen, Bildern oder Büchern konkretere Gestalt an. Wer in einer kleinen Wohnung lebt, wird relativ bald vor der Notwendigkeit stehen, seine Besitztümer kritisch aussortieren zu müssen. Und statt für mehr Schrankraum zu sorgen, ist es meist die bessere Lösung, weniger in die Schränke zu packen.

Viele Menschen leben heute aus finanziellen Gründen in kleinen Wohnungen. Doch es ist auch ein Trend, der im Einklang mit der Flexibilität des aktuellen Lebensstils steht und durch moderne Technik wesentlich an Qualität gewinnt. Die Häuser der vorigen Jahrhunderte waren so konzipiert, dass man klare Grenzen zwischen Geschlechtern, Klassen und Generationen ziehen konnte. Die Diener wohnten in den Dachkammern und »unter der Treppe«, Kinder in Kinder- und Schulzimmern, Frauen und Männer hatten ihre eigenen Bereiche. Wie streng diese Grenzen waren, erkennt man in manchen großen Häusern in der Stadt und auf dem Land, in denen es sogar getrennte Treppenhäuser gab, sodass die Dienstboten ungesehen ihren Pflichten nachgehen konnten.

Zu einer Zeit, als es weder Waschmaschinen noch Staubsauger, weder Spülmaschinen noch Kühlschränke gab, verlangte die Reinigung und Instandhaltung dieser großen Haushalte nicht nur viel Personal, sondern auch reichlich Platz, um all die Werkzeuge und Utensilien zur Ausführung der verschiedenen Arbeiten unterzubringen. »Unter der Treppe« lag oft ein Labyrinth aus kleinen Kammern, von denen jede einer bestimmten Tätigkeit gewidmet war. Man mag zwar daran zweifeln, dass es da auch einen speziellen Raum gab, in dem der Butler die morgendliche *Times* bügelte, doch insgesamt war diese Vielfalt funktionsgebundener Kammern keineswegs ungewöhnlich. Noch heute soll es angeblich auf dem Landsitz des amerikanischen Multimillionärs und Industriellen Spellings einen Raum geben, der ausschließlich dem Einwickeln von Geschenken dient.

Nach dem Zweiten Weltkrieg lösten sich die sozialen Grenzen langsam auf. Viele der ehemaligen Hausangestellten, die der Armee beigetreten waren oder andere Aufgaben übernommen hatten, waren nach dem Krieg nicht mehr bereit, als Dienstboten zu arbeiten. Zum ersten Mal mussten sich die Frauen der Mittelklasse ohne Hilfe um ihre Familien- und Haushaltsangelegenheiten kümmern. In vielen Fällen gaben die wohlhabenderen Familien ihre großen Häuser auf und zogen in kleinere Häuser oder Wohnungen, die eine Einzelperson leichter in Ordnung halten konnte. Und als immer mehr Frauen sich um bezahlte Arbeit außerhalb des Haushaltes bemühten, gewann die effiziente Gestaltung und Einrichtung zunehmend an Bedeutung.

Heute ist die Zeit der Geschlechter- und Klassentrennung innerhalb des Wohnbereiches definitiv vorüber. Und auch das Wesen des Haushaltes hat sich verändert. In den letzten 30 Jahren hat sich die Anzahl der Single-Haushalte und kinderlosen Paare verdoppelt und macht heute 60 Prozent der Gesamtbevölkerung aus. In den Städten liegt der Anteil noch höher.

Diese erhebliche demographische Veränderung, die auf relativ späte Familiengründungen, Scheidungen und andere soziale Faktoren zurückzuführen ist, hat auch das Wohnen verändert. Statt vieler Einzelräume, von denen jeder einem bestimmten Zweck gewidmet ist, benötigen wir heute offene, flexible Vielzweckräume, die Platz für unterschiedliche Aktivitäten bieten und den Bedürfnissen verschiedener Personen gerecht werden – darunter vielleicht auch den Wünschen jener, die nur zeitweise hier wohnen.

Oben: Ferienhäuser mit ihrem zwanglosen Charakter und der Auflösung der Grenzen zwischen Drinnen und Draußen machen bewusst, welche Vorzüge eine schlichte, einfache Raumgestaltung hat.

Von dem französischen Architekten Le Corbusier stammt der berühmte Ausspruch »Das Haus ist eine Maschine, in der man wohnt«. Traditionalisten haben diesen Satz beharrlich als Beweis dafür zitiert, dass modernes Wohnen seelenlos sei. Doch damit haben sie Le Corbusiers Absichten gründlich missverstanden. Das Zitat stammt aus seinem 1923 veröffentlichten Erstlingswerk, das sich seitdem zu einem Manifest der Moderne entwickelt hat. Für ihn ist das Haus nur insofern eine »Maschine«, als sein Zweck und seine Bestimmung darin besteht, das Leben einfacher und angenehmer zu machen.

Oben und links: Das Baumhaus ist ein besonders faszinierender, kleiner Raum. Dieses Beispiel aus Ayrshire in Schottland beherbergt ein luftiges Esszimmer, voll ausgestattet mit Beleuchtung, fließend warmem und kaltem Wasser sowie einem Herd.

Le Corbusier stellt seinem Ideal die Raumverteilung des 19. Jahrhunderts gegenüber: »Die Aufteilung der Wohnhäuser berücksichtigt den Menschen nicht, sondern ist eigentlich nur als Lagerraum für Möbel konzipiert ... Sie tötet den Geist von Familie und Zuhause ab ...«

Am Ende einer langen Liste von Empfehlungen rät er schließlich: »Wählen Sie eine Wohnung, die eine Nummer kleiner ist als die, an die Ihre Eltern gewöhnt waren. Und behalten Sie in Ihrem Handeln, Ihrer Haushaltsführung und Ihrem Denken den Bezug zur Wirtschaftlichkeit.«

Design für kleine Räume bietet die Möglichkeit, mit dem Gleichgewicht zwischen Geborgenheit und Freiraum zum Atmen zu spielen. Es bringt uns dazu, Besitz kritisch zu betrachten und nur Dinge anzuschaffen oder zu behalten, die zweckmäßig sind oder das Leben wirklich emotional bereichern. Vor allem aber sind gelungen gestaltete kleine Räume nicht etwa eine Übung darin, mit dem Minimum auszukommen, sondern vielmehr die raffinierte Essenz dessen, was wirklich Funktion und Bedeutung hat.

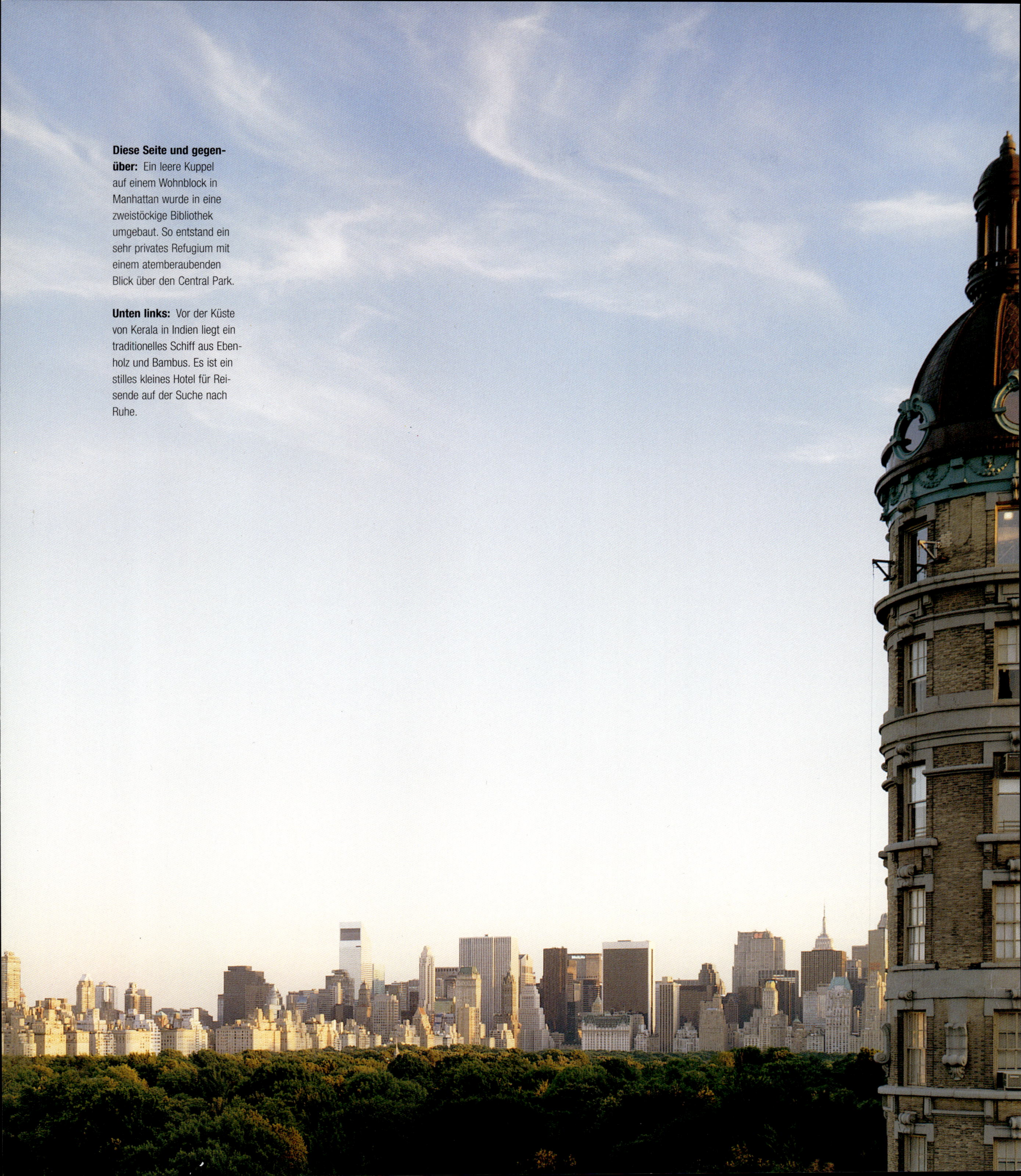

Diese Seite und gegenüber: Ein leere Kuppel auf einem Wohnblock in Manhattan wurde in eine zweistöckige Bibliothek umgebaut. So entstand ein sehr privates Refugium mit einem atemberaubenden Blick über den Central Park.

Unten links: Vor der Küste von Kerala in Indien liegt ein traditionelles Schiff aus Ebenholz und Bambus. Es ist ein stilles kleines Hotel für Reisende auf der Suche nach Ruhe.

Das Wohnkonzept

Wer kleine Räume gekonnt gestalten will,
muss zuerst an seiner Einstellung arbeiten.

Rechts: Ein Zwischengeschoss schafft zusätzliche Bodenfläche, ohne die optische Weite des Raums, den Lichteinfall und die Aussicht zu stören. Als Weiterentwicklung des ans Schlafzimmer angeschlossenen Badezimmers wurde hier in einen ungewöhnlich hohen Schlafraum eine komfortable »Badeplattform« eingebaut.

In vielerlei Hinsicht verlangt die Gestaltung kleiner Räume ein grundsätzliches Umdenken. Zwar lassen sich auf Häuser und Wohnungen aller Größen die gleichen Grundprinzipien der Einrichtung anwenden, doch wenn der Platz knapp ist, bekommen ganzheitliche Einrichtungskonzepte einen wesentlich höheren Stellenwert. Je beschränkter das Raumangebot ist, umso größer ist die Wahrscheinlichkeit, dass jede Veränderung eine Kettenreaktion auslöst. Schon darum sind voneinander isolierte Einzellösungen in den meisten Fällen eben keine Lösung.

Im Design geht es um die Kunst des Machbaren. Um den verfügbaren Platz optimal zu nutzen oder sogar zusätzlichen Platz zu schaffen, muss man zunächst den eigenen Lebensstil betrachten und die augenblicklichen und zukünftigen Bedürfnisse möglichst genau einschätzen. Gleichzeitig ist ein gründliches Verständnis des Gebäudes und des Bauens nötig. Man muss wissen, wie Gebäude generell konstruiert sind und welche räumlichen Veränderungen möglich sind – im Hinblick auf die praktische Machbarkeit wie auch auf amtliche Genehmigungen. Wirklich gute Lösungen kommen nur zustande, wenn beide Aspekte gründlich durchdacht werden.

Wichtig ist vor allem, sich klar zu machen, dass auch kleine Räume auf vielfältige Weise genutzt werden können. Man kann mit unterschiedlichen Lösungsansätzen ähnliche Resultate erzielen, und ein wichtiger Teil der Gestaltung besteht darin, diese Möglichkeiten abzuwägen und am Ende diejenige zu wählen, die die größte Flexibilität bietet. Gekonnt und zweckmäßig gestaltete kleine Räume erfüllen nicht nur Ihre momentanen Bedürfnisse, sondern lassen auch spätere Veränderungen zu.

Gegenüber: Durchdachte Details und klar gegliederte Flächen sind die Erfolgsfaktoren für kleine Küchen. Hier wurde eine kompakte Küche in einem Zwischengeschoss gleich neben dem Essplatz eingerichtet. Die Arbeitsplatte aus Hartglas sorgt dafür, dass der Raum optisch eine Einheit bleibt. Kühl- und Gefrierschrank sind am Kopf der Treppe hinter den Schranktüren versteckt.

Größere räumliche Veränderungen verschlingen viel Zeit und Geld – und beides möchten Sie vielleicht anderweitig verwenden. Ehe man also ein großes Vorhaben angeht, sollte man sicher sein, dass sich die Investition und der Aufwand auch lohnen.

Bedarfsanalyse

Tradition, Gewohnheit und das übliche Verkaufsgebaren für Immobilien veranlassen uns, Räumen gedanklich stets eine bestimmte Funktion zuzuweisen: Schlafzimmer, Esszimmer, Wohnzimmer und so weiter. Und wenn es um die Einrichtung von Räumen geht, wird unser Einkaufszettel wiederum von diesen eingefahrenen Denkstrukturen beeinflusst. Außerdem sind viele Häuser, alte ebenso wie neue, nach einem ähnlichen Muster geplant. Diese traditionelle Einteilung von Räumen ist uns so vertraut, dass sie häufig unsere Fähigkeit einschränkt, kreative und unkonventionelle Alternativen zu finden.

Vergessen Sie die klassische Zweckzuweisung der Räume und fragen Sie sich, wie Sie wirklich leben und für welche Tätigkeiten ein Raum oder eine Wohnung Platz bieten soll. Diese ganz persönliche Bedarfsanalyse bildet die Grundlage Ihrer individuellen Einrichtungslösung.

Grundsätzliches

Überlegen Sie zuerst, welches Ihre momentanen Prioritäten sind und wie sich diese in der näheren Zukunft vielleicht ändern könnten.

- Welche Besitztümer möchten Sie um jeden Preis behalten? Viele Stücke lassen sich mit etwas Geschick in nahezu jedem Raum unterbringen. Andere aber – das geliebte Klavier oder der alte Kleiderschrank – brauchen einen sorgfältig ausgewählten Platz.
- Welche Annehmlichkeiten sind Ihnen wichtig? Ein direkter Zugang ins Freie? Viel Stauraum in der Küche? Ein separater Arbeitsplatz?
- In welchem Ihrer Lebensbereiche sammeln sich besonders viele Dinge an? Haben Sie ein Hobby oder ein spezielles Interesse, das viel Platz benötigt?
- Wie lange planen Sie, dort zu leben? Wenn Sie mittelfristig ohnehin umziehen wollen, sind optische Verschönerungen vielleicht sinnvoller als kosten- und arbeitsintensive Umbauten.
- Seien Sie realistisch: Wie viel Geld können und wollen Sie in die Umgestaltung investieren? Wie kommen Sie mit der zwangsläufigen Störung Ihres Alltagsablaufs zurecht?
- Mit welchen Veränderungen rechnen Sie in Bezug auf Ihre Familie, Ihre Lebensumstände oder Ihren Beruf?

Kochen

Die Vorstellung, dass die Küche das Herz des Hauses ist, sitzt sehr tief in unseren Köpfen. Allzu leicht vergessen wir, dass noch vor wenigen Jahrhunderten die meisten Menschen gar keine Kochgelegenheit besaßen. Sie mussten außer Haus gehen, um sich ihr Fleisch braten und ihren Kuchen backen zu lassen. Diesen Punkt haben wir heute beinahe wieder erreicht. Für alleinstehende berufstätige Menschen werden Wohnungen entworfen, die lediglich eine minimal ausgestattete oder gar keine Küche haben.

Wie viel Platz Sie für die Küche brauchen, hängt natürlich von Ihren Kochgewohnheiten ab: wie oft und für wen kochen Sie? Obwohl ich »natürlich« sage, bin ich mir bewusst, dass gerade Küchen oft auf der Basis von Träumen statt auf der Grundlage wahrer Gewohnheiten eingerichtet werden. Die Küche ist zum Statussymbol geworden, und viele kunstvoll gestaltete und aufwändig eingerichtete Küchen gehören Möchtegern-Köchen, die keineswegs regelmäßig Mahlzeiten zubereiten. Wenn Sie Spaß am Kochen haben, gern neue Rezepte ausprobieren, häufig Gäste bewirten oder eine Familie zu versorgen haben, müssen Sie mehr Platz für die Küche vorsehen als wenn Sie nur

Gegenüber: Ein schlichter Holztisch mit passender Bank wirkt wie die logische Verlängerung des frei stehenden Küchenelements mit Edelstahlspüle und Kochmulde. Dies ist eine sehr praktische Variation über das Thema Kücheninsel.

zwischen verschiedenen Verpflichtungen einen schnellen Happen zu sich nehmen und im Grunde kaum mehr als einen Wasserkocher und einen Mikrowellenherd brauchen. Auch Ihre Einkaufsgewohnheiten spielen eine Rolle, denn ein Großteil des Stauraums in der Küche wird meist zum Lagern von Lebensmitteln gebraucht. Eine kleine Küche ist sinnvoll, wenn Sie häufig kleine Mengen einkaufen. Wer lieber selten Großeinkäufe macht, braucht deutlich mehr Stauraum.

Mit einer guten Dunstabzugshaube und vielleicht einem Sichtschutz lässt sich eine Küche leicht mit dem Wohnbereich oder dem Essplatz kombinieren. Außerdem ist es gerade für eine Küche nicht unpraktisch, wenn der Raum eher klein ist. Wirklich ergonomische Küchen sind in der Regel kompakt. Die wichtigsten Arbeitsbereiche – Herd mit Backofen, Spüle, Kühlschrank und Arbeitsfläche für Vorbereitungen – liegen nur wenige Schritte auseinander, sodass man alle Routinearbeiten ohne lange Wege erledigen kann. Integriert man die Küche in einen anderen Wohnbereich, wirkt sie nicht so abgeschottet. Selbst wenn der eigentliche Arbeitsbereich klein und kompakt ist, fühlt man sich weniger eingesperrt, weil man nicht von geschlossenen Wänden umgeben ist, sondern freien Blick in andere Räume hat.

Essen

Das separate Esszimmer ist heute nur noch die Ausnahme. Grund dafür sind kleinere Wohnungen und auch Veränderungen der Essgewohnheiten. Ein Raum, der die meiste Zeit des Tages ungenutzt bleibt, ist für die meisten Familien ein sinnloser Luxus. Obendrein sind die Zeiten der Dienstboten und der förmlichen Mahlzeiten, die einen entsprechenden Rahmen verlangten, vorüber. Viele Besitzer eines Esszimmers haben es im Lauf der Zeit in ein Arbeitszimmer umgewandelt.

Links: In dieser Küche wurden Herd und Backofen in einen ungenutzten Kamin eingebaut. Die Spüle liegt gegenüber in einem Küchenblock, der zugleich als Frühstückstresen genutzt werden kann.

Links: Die Metall-Arbeitsplatte dient als Frühstückstresen und Arbeitsfläche und ragt ein Stück in den Terrassen-Essbereich vor. Dies ist eine moderne Interpretation der früheren Durchreiche.

Gegenüber oben: In hohen Räumen kann man leicht ein Zwischengeschoss einziehen, um so einen separaten Schlafbereich zu schaffen. Darunter entsteht reichlich Stauraum für Kleidung. Dachfenster oder Oberlichter sorgen dafür, dass das Hochbett nicht zu beengt wirkt.

Gegenüber unten: Es ist sehr gemütlich, unter der Dachschräge zu schlafen, sofern die Höhe ausreicht, um bequem ins Bett zu steigen. Ausgebaute Dachböden bieten sich als Schlafraum oft an, wenn sie gut gedämmt und leicht zu lüften sind. Weil sie abseits von den »Hauptverkehrsadern« des Haushalts liegen, sind sie besonders behaglich und ruhig.

Essen ist gesellig, schon darum sollte der Essplatz nicht vom Leben in der Wohnung abgeschirmt werden, sondern vielmehr in den Hauptwohnraum integriert werden oder in unmittelbarer Nähe der Küche liegen – oder beides. Der Vorteil einer solchen Anordnung besteht darin, dass der Essplatz zwischen den Mahlzeiten auch für andere Beschäftigungen genutzt werden kann. Die Größe des Tisches und die Anzahl der Stühle wird durch die Zahl der Personen im Haushalt bestimmt, die sich regelmäßig zu Mahlzeiten zusammenfinden. Wer von Zeit zu Zeit gern Gäste hat, kann auf vielerlei Weise gelegentlich größere Gesellschaften unterbringen, ohne dass eine ständige, platzraubende Einrichtung nötig ist.

In Single-Wohnungen mit sehr geringem Raumangebot lässt sich der Essplatz auch an einer Arbeitsplatte, einem Frühstückstresen oder einem Wandklapptisch unterbringen. Klapptisch und Klappstühle für Gäste lassen sich leicht Platz sparend verstauen.

Schlafen

Kleine Räume bieten sich von Natur aus zum Schlafen an. Wenn das Bett groß und bequem genug ist, kann gerade ein kleines Schlafzimmer ein sehr angenehmes Gefühl von Geborgenheit und Sicherheit vermitteln. Unter diesem Gesichtspunkt sind eingezogene Zwischengeschosse als Standort für ein Bett geradezu ideal, weil eine zusätzliche Trennung vom übrigen Wohnbereich kaum erforderlich ist. Allerdings ist das Bettenmachen in luftiger Höhe nicht immer ganz einfach.

Probleme bereitet eigentlich weniger der Schlafplatz selbst, sondern vielmehr all die anderen Funktionen, die Schlafräume traditionell erfüllen, allem voran die Aufbewahrung von Kleidung. Der Ein- und Ausstieg ins Bett muss bequem sein, der Platz muss auch zum Bettenmachen ausreichen. Das An- und Ausziehen aber, ebenso wie das Aufbewahren von Kleidern, Schuhen, Accessoires und Kosmetika, benötigt weitaus mehr Raum. Wer seine gesamte Garderobe im Schlafzimmer unterbringen will, kann damit dessen Funktion als friedlicher Rückzugsort zunichte machen – vor allem, wenn der Raum klein ist.

Eine einfache Lösung besteht darin, den Kleiderschrank im angrenzenden Flur oder einem anderen Nebenraum unterzubringen. Ein separater Ankleidebereich ermöglicht es, die Möblierung im Schlafzimmer auf das Nötigste zu beschränken, sodass man mit wenig Platz auskommt. Eingebaute, von Wand zu Wand reichende Schränke und Regale, maßgeschneidert für Art und Umfang Ihrer Garderobe, nutzen den vorhandenen Platz optimal aus. Ungünstiger ist es, den gleichen Stauraum in einem Raum zu schaffen, der bereits von einem großen Möbelstück beherrscht wird.

Eine Familie zu haben bedeutet, dass man die Schlafraumverteilung von Zeit zu Zeit neu überdenken muss. Kleine Räume müssen für Familien kein Problem sein, doch Kinder stellen in einem relativ eng gefügten Wohnkonzept zusätzliche Ansprüche. Säuglinge fühlen sich noch im Gitterbett in der Ecke des Elternschlafzimmers wohl, doch schon bald brauchen sie einen Raum für sich – und der sollte aus praktischen Gründen möglichst groß sein. Viele Leute glauben, weil Kinder klein sind, brauchen sie auch nur kleine Räume. Das ist ein eklatanter Fehler, denn sie vergessen, dass Kinder für all die Dinge, die sie tun müssen und wollen, viel Platz benötigen. Und wenn sie den in ihrem Zimmer nicht finden, breiten sie sich unweigerlich über die gesamte Wohnung aus.

Das Bett eines Kindes mag in der Nacht ein Zufluchtsort sein, tagsüber jedoch ist es häufiger ein Trampolin. Solange Kinder klein sind, sollten sie so viel Platz wie möglich bekommen, damit ihr Bereich zugleich Spielzimmer, Arbeitsplatz für Hausaufgaben und Sporthalle sein kann. So bleiben die anderen Räume der Wohnung weitgehend verschont. Im Teenager-Alter ändern sich die Bedürfnisse wieder und ein kleineres Zimmer kann durchaus genügen – vorausgesetzt, jedes Kind hat sein eigenes Reich.

Ganz links: Eine weitere Variation der Hochbett-Lösung zeigt, wie flexibel diese Grundidee ist. Das frei stehende Element ist über eine fest montierte Leiter zugänglich, der untere Bereich dient als Schreibtisch mit Stauraum.

Links: Kinder finden Hochbetten mindestens so aufregend wie Etagenbetten. Geländer mit Plexiglasscheiben sorgen gleichzeitig für optische Leichtigkeit und Sicherheit. Unter der Schlafgalerie ist ein kleines Bad eingebaut.

Unten links: Zu diesem Hochbett führt eine richtige Treppe. Es ist aber kein Modell für Menschen, die gelegentlich aus dem Bett fallen.

Rechts: Dachschrägen und fehlende Kopffreiheit erschweren manchmal die Nutzung ausgebauter Dachböden. Dieses Badezimmer macht das Beste aus der verfügbaren Fußbodenfläche, indem das Fußende der Wanne unter die Schräge gezogen wurde. Ein Spiegel sorgt für optische Vergrößerung.

Baden

In Wohnungen mit sehr geringem Platzangebot ist das Badezimmer häufig das gestalterische Stiefkind, eingezwängt in einer Kammer. Konkrete Lösungen für winzige Bäder werden in einem späteren Kapitel vorgestellt. Hier geht es vorrangig um den Mut zur Querdenkerei in der Planungsphase. Während in der Küche eine kompakte Einrichtung durchaus praktisch sein kann, ist zu große Nähe zwischen den einzelnen Funktionen im Bad eher unangenehm. Eine Lösung kann darin bestehen, die Toilette von Waschbecken und Badewanne zu trennen. Dadurch wird auch das Gedränge zu

Links und unten: Bett und Badewanne vertragen sich gut. Neben diesem Schlafplatz auf einer Galerie befindet sich eine geräumige Badewanne auf einem Stahlgitter, das mit Drahtseilen an den Dachträgern aufgehängt ist. Das Ensemble wirkt sehr privat und zugleich ausgesprochen luftig und geräumig.

bestimmten Tageszeiten reduziert. Reicht der Platz nicht einmal für diese Trennung aus, sollten Sie sich bewusst machen, dass eine geräumige Dusche wesentlich angenehmer als eine zu kleine Badewanne ist. Sie könnten beispielsweise den gesamten Raum als Nasszelle mit Dusche und direkt im Boden eingelassenen Abfluss konzipieren. Bei einer solchen Lösung müssen allerdings die vorhandenen Wasserinstallationen und Abflüsse berücksichtigt werden.

Rechts: Die unterschiedlichen Fußbodenniveaus kennzeichnen die Grenze zwischen dem Entspannungs- und dem Essbereich. Schubladen unter dem Podest schaffen zusätzlichen, praktischen Stauraum. Siehe auch den Blick in den Küchenbereich auf Seite 29.

Entspannen

Wohnräume wirken oft seltsam unausgewogen, nicht zuletzt, weil sie zunehmend zu Mehrzweckräumen werden, die den verschiedensten Aktivitäten dienen müssen. Ihre wichtigste Aufgabe aber ist, Platz zum Luftholen zu bieten, und diese Aufgabe wird um so bedeutender, je kleiner eine Wohnung ist.

Menschen entspannen sich auf ganz unterschiedliche Weise, doch um die Freizeit zu genießen, braucht man in der Regel ausreichenden Freiraum. In einer beengten Umgebung, in der jeder Winkel funktional verplant ist, sollte der für die Entspannung reservierte Bereich so klar und übersichtlich wie möglich sein, damit er helfen kann, das innere Gleichgewicht wieder zu finden. Auch wo die Fußbodenfläche begrenzt ist, lässt sich durch neue Ausblicke ein Gefühl der Geräumigkeit schaffen. Oberlichter sind effektiv, man könnte auch ein Stück der Decke entfernen, um das Raumvolumen zu vergrößern. Solche Designelemente spielen mit Aussicht und Blickachsen und wirken so dem Gefühl der Enge entgegen.

Oben: Ein Schreibtisch lässt sich problemlos in einem Schlafzimmer unterbringen. Dieser einfache Arbeitsplatz, der im Grunde nur aus einem breiten Brett für Bildschirm und Tastatur besteht, wirkt angenehm unaufdringlich.

Oben: Übersehen Sie auf der Suche nach einem geeigneten Platz nicht das Potenzial von Fluren und Treppenhäusern. Dieser helle Treppenabsatz ist groß genug für einen kompakten Arbeitsplatz.

Links: In diesem Schlafzimmer bietet sich der Erker mit Fenster für einen Arbeitsplatz an. Der Vorteil dieser Aufteilung: man kann sich besser konzentrieren, wenn man dem restlichen Raum den Rücken zudreht.

Gegenüber: In einem Mehrzweckraum lässt sich durch einen eingezogenen Zwischenstock ein abgegrenzter Arbeitsplatz einrichten.

Arbeiten

Immer mehr Menschen haben ihren Arbeitsplatz zu Hause, was allerdings in kleinen Wohnungen eine zusätzliche Belastung darstellen kann. Wie sich ein Arbeitsplatz in die Wohnung integrieren lässt, hängt hauptsächlich von der Art der Arbeit ab, aber auch davon, wie häufig er benutzt wird.

Plätze für Schreibtischarbeiten, die kaum mehr benötigen als ein bisschen Platz zum Nachdenken und eine Steckdose für den Laptop, sind relativ einfach zu gestalten. Wichtig ist nur eine gewisse Trennung von den anderen Bereichen der Wohnung. Mit der Wahl des richtigen Platzes ist schon viel gewonnen. Je nach persönlichen Vorlieben kann ein Arbeitsplatz in einer Ecke des Schlafzimmers, in der Küche oder im Wohnzimmer untergebracht werden. Es kommt nur darauf an, dass man dort effizient und ungestört arbeiten kann. Arbeitsplätze, die Platz für eine spezielle Ausrüstung oder viel Stauraum bieten müssen, erfordern eventuell den Umbau eines ungenutzten Bereiches im Keller oder unter dem Dach.

Bestandsaufnahme

Nachdem Sie Ihre persönlichen Bedürfnisse bestimmt und entschieden haben, welchen Aktivitäten die Wohnung gerecht werden muss, folgt der zweite Schritt: eine Bestandsaufnahme des zur Verfügung stehenden Platzes. Eine maßstabsgetreue Zeichnung oder mindestens eine Skizze ist in diesem Stadium sehr sinnvoll. Messen Sie die Bereiche so genau wie möglich aus und zeichnen Sie feste Elemente wie Türen und Fenster, Einbauschränke, Schornsteine und andere bauliche Details ein. Die Räume in dieser Weise zu Papier zu bringen, hilft dabei, sich aller Aspekte bewusst zu werden – auch derer, die man beim Umhergehen und Schmieden von Einrichtungsplänen leicht übersieht.

- Zeichnen Sie die Himmelsrichtungen ein. Die Wirkung des Tageslichts hat auf unsere Wahrnehmung von Räumen einen erheblichen Einfluss. In welche Räume fällt Morgensonne, in welche Nachmittagssonne, und welche bekommen insgesamt nur wenig Tageslicht?
- Achten Sie auch auf den Luftstrom. Gute Lüftung (nicht Durchzug) ist für kleine Räume besonders wichtig.

Oben und gegenüber: Eine gekonnte Mischung aus Alt und Neu ist dieser Schlafbereich auf einer eingezogenen Galerie unter der schweren Balkendecke. Eine schlichte Treppe, akkurat in die Kombination aus Schrank und Bücherregal eingebaut, sorgt für den sicheren Zugang.

DEL PEZZO
l'Orizzonte
la Collezione
Impressionnisme
SERT
Cézanne
LES VOYAGES DE RIMBAUD

Gegenüber: Für diesen minimalistisch eingerichteten Schlafplatz hat die ernste, meditative Ruhe traditioneller japanischer Interieurs Pate gestanden.

- Überlegen Sie, ob bestimmte Bereiche zu wenig genutzt werden. Flure, Treppenabsätze und der Raum unter Treppen sind in älteren Gebäuden meist großzügig bemessen, Keller und Dachböden bieten sich oft für einen Ausbau an.
- Welche Bereiche wirken besonders beengt?
- Gibt es bauliche Details, die Sie unbedingt erhalten möchten?
- Achten Sie auf Ihre Wege von einem Raum in den anderen. Wenn ein Raum mehr als eine Tür hat: wird eine davon kaum benutzt?
- Kann der Zugang nach außen verbessert werden?

Räume verstehen

Nicht nur für aufwändige Umgestaltungen von Räumen ist die Beratung und Unterstützung eines Architekten, Innenarchitekten, Bauingenieurs oder eines hilfreichen Handwerkers erforderlich. Trotzdem sollten Sie sich auch selbst mit der baulichen Struktur Ihrer Wohnung vertraut machen – und sei es nur, um realistische Pläne zu entwickeln. Es gibt genug Geschichten von übereifrigen Hobbyarchitekten, denen ihr Haus über dem Kopf zusammenbrach, weil sie eine Wand zu viel eingerissen hatten. Ein Verständnis für die Bausubstanz zu entwickeln ist eine wichtige Maßnahme zur Verhütung solcher Katastrophen, es hilft aber auch erheblich bei der Planung.

Die meisten Häuser haben, unabhängig von Größe und Baumaterial, eine ähnliche Baustruktur. Die Grundelemente des Baus sind das Fundament, die Außenmauern, die Decken und Fußböden, einige (aber nicht alle) Innenmauern sowie das Dach. Das gesamte Gewicht des Hauses ruht auf dem Fundament, das den Bau mit dem Erdboden verbindet und ihm Stabilität gibt. Die Außenmauern tragen das Gewicht der Decken, die sich dazwischen erstrecken, sowie das Gewicht des Daches. Einige Innenmauern stützen die Decken zusätzlich. Das Dach wiederum verbindet sämtliche Außenmauern miteinander und gibt dem Bau Stabilität.

In alten Industriehallen und Lagerhäusern sind die tragenden Teile aufwändiger gestaltet. Weil die Distanz zwischen den Außenmauern sehr groß ist, muss das Dach zusätzlich durch Pfeiler, Balken oder Trägerkonstruktionen im Inneren des Gebäudes gestützt werden. Wieder anders verhält es sich bei modernen mehrstöckigen Gebäuden aus Beton oder Stahlbeton, bei denen die innen liegenden Elemente keine oder nur eine geringe Rolle für die Statik des Gebäudes spielen. Die äußeren und die inneren Wände dienen letztlich nur als Raumteiler und Füllflächen.

Beim Umbau von Wohnhäusern kommt es vorwiegend darauf an, ob Innenmauern eine tragende Funktion haben oder nicht. In alten Häusern verrät ein Blick auf die Fußbodendielen viel. Als Unterkonstruktion der Dielen dienen Kanthölzer, die normalerweise von der Vorderseite des Hauses zur Rückseite verlaufen. Die Dielen wiederum sind rechtwinklig auf diesen Kanthölzern befestigt und verlaufen folglich parallel zur Hausfassade. Die Innenmauern, auf denen die Kanthölzer aufliegen, sind höchstwahrscheinlich tragende Wände, und in den meisten Fällen verlaufen auch sie parallel zur Fassade. Andere Wände mit tragender Funktion wird man in den oberen Stockwerken direkt über den tragenden Mauern des Erdgeschosses finden. Die übrigen Wände dienen nur der Raumaufteilung, haben also keine Bedeutung für die Statik.

Eine beliebte Probe, um eine Wand auf ihre tragende Rolle hin zu prüfen, besteht im Klopfen. Reine Trennwände sind oft in Rahmenbauweise konstruiert und klingen meist hohl. Tragende Wände dagegen sind gemauert, sie klingen nicht nach. Diese Methode ist jedoch relativ unsicher. In älteren Häusern klingen auch tragende Wände manchmal hohl, wenn sich der Verputz gelockert hat. Es kommt auch vor, dass Wände in Rahmenbauweise eine Decke stützen.

Veränderungen an den tragenden Elementen wie Außenmauern, Decken, Dach, Fundament und tragenden Innenmauern haben zwangsläufig Auswirkungen auf die Statik des Hauses. Wer ein tragendes Element ganz oder teilweise entfernt, schwächt den gesamten Bau und muss für einen entsprechenden Ausgleich sorgen. Brechen Sie beispielsweise ein großes Stück aus einer tragenden Wand heraus, müssen Sie einen Träger oder Balken einziehen, der das Gewicht der Decke hält. Bei anderen Umbauten ist eventuell eine Verstärkung des Fundaments oder des Dachstuhls nötig. Ein Architekt oder Bauingenieur kann berechnen, welche Auswirkungen Veränderungen auf die Statik haben und welche Ausgleichsmaßnahmen notwendig sind.

Die Auswirkungen mancher baulichen Veränderungen sind offensichtlich, andere weniger. Bei den folgenden Umbauten wird normalerweise in die Statik eingegriffen, hier ist fachliche Beratung erforderlich:

- Durchbrüche in Außenmauern, etwa zum Einbau von Fenstern, Türen oder Terrassentüren als Zugang ins Freie oder zum Anschluss eines Anbaus.
- Vergrößern vorhandener Öffnungen in Außenmauern. Das Verbreitern von Türen und Fenstern ist in jedem Fall ein Eingriff in die Statik, das Vergrößern nach unten hin (etwa zum Umwandeln eines Fensters in eine Tür) nicht unbedingt.
- Durchbrechen oder Entfernen von tragenden Innenmauern.
- Entfernen von Kaminvorsprüngen. Diese sind häufig beidseitig an inneren oder tragenden Wänden angebracht, sodass anschließend tragende Wände repariert oder Teile von Decken erneuert werden müssen. Solche Veränderungen können sich auch auf die Belüftung auswirken.
- Verlegen einer Treppe. Alle Änderungen an Treppen haben zwangsläufig Auswirkungen auf die Decken.
- Komplettes oder teilweises Entfernen von Decken, um einen Raum über zwei Etagen zu öffnen.
- Erweitern des Kellers unter die Fundamenttiefe.
- Umbau eines Dachbodens in einen Wohnraum. Die Balken der obersten Deckenlage sind oft nicht stabil genug, um Möbel und Menschen zu tragen. Sie müssen eventuell verstärkt oder verdoppelt werden.
- Öffnen des Dachs zum Bau einer Gaube. Eine Gaube ist ein vorspringendes Bauelement, das den tragenden Wänden zusätzliches Gewicht aufbürdet. Ein Dachflächenfenster, das zwischen die Sparren eingesetzt wird, hat keine statischen Auswirkungen.
- Aufbau eines zusätzlichen Stockwerks auf ein Haus oder einen bestehenden Anbau.

Veränderungen der Installationen

Gas, Elektrizität, Heizung, Wasser, Abwasser und Telefon sind Installationen, die der Versorgung des Haushalts dienen. Sie können den Möglichkeiten eines Umbaus durchaus Grenzen setzen. Viele Umbaumaßnahmen erfordern auch Veränderungen der Installationen, was ein besonders lästiger und teuerer Teil des Unterfangens ist. In fast allen Fällen müssen die Arbeiten von einem Fachmann ausgeführt werden. Andererseits bietet eine gründliche Umgestaltung eines Wohnbereichs aber auch die Möglichkeit, die Installationen des Hauses kritisch zu prüfen und gleich einige Platz sparende Lösungen einzuplanen.

- Sind Veränderungen an der Elektroinstallation nötig, nutzen Sie die Gelegenheit und lassen Sie vor allem in Küche und Wohnbereich zusätzliche Steckdosen einbauen. Je mehr Steckdosen Sie haben, um so flexibler lässt sich ein Raum nutzen, was vor allem in kleinen Wohnungen ein großer Vorteil ist.

- Arbeiten an den Kabelanlagen bieten sich auch an, um die alten Telefonanschlüsse durch ISDN-Kabel und -Dosen zu ersetzen oder Vorkehrungen für steuerbare Beleuchtungs- oder Musiksysteme zu schaffen.
- Die Abflussleitungen im Haus führen meist zu einem senkrechten Zentralabflussrohr. Wer eine größere Umgestaltung plant, sollte Badezimmer, WC, Hauswirtschaftsraum und Küche dicht um den Zentralabfluss anordnen. Auf verschiedenen Ebenen liegen sie am besten übereinander.
- Besonders flache oder niedrige Heizkörper brauchen weniger Platz und lassen flexiblere Stellmöglichkeiten für Möbel zu. Eine Fußbodenheizung oder Radiatoren, die versenkt in »Gräben« liegen, sind zwar teuer, aber außerordentlich Platz sparend. Flach an der Wand hängende Heizkörper bieten sich vor allem in winzigen Bädern und Küchen an, wo kaum Standfläche zur Verfügung ist.
- Achten Sie darauf, dass alle Kabel und Rohre unter Putz verlegt werden, damit man sie nicht sieht. Die Versorgungsleitungen sollten so unauffällig wie möglich sein, damit sie den Charakter des Raums nicht beeinträchtigen. Nichts stört das positive Raumgefühl so sehr wie ein Gewirr aus Kabeln und Rohren.
- In kleinen Zimmern und Mehrzweckräumen ist eine gute Lüftung sehr wichtig. Alle Fenster und Oberlichter sollten sich öffnen lassen, um reichlich frische Luft einzulassen. Leisten Sie sich für Küche und Bad gute Abzugsanlagen. In Küchen und Bädern ohne Fenster ist der Einbau von Belüftungsvorrichtungen vorgeschrieben.
- Offen gestaltete, große Räume können recht laut sein – vor allem, wenn keine Teppiche und wenige Polstermöbel vorhanden sind. Eine Trittschalldämmung im Fußboden verhindert die Geräuschübertragung in darunter liegende Räume. Eine Schalldämmung an Decke und Wänden verhindert, dass der Geräuschpegel zu hoch wird.
- Bauliche Veränderungen ermöglichen eventuell auch eine Verbesserung der Wärmeisolierung. Wenn Sie einen neuen Raum abtrennen, achten Sie darauf, dass beide neu entstandenen Bereiche separat heizbar sind.

Gesetze

Als ob Kosten, Unordnung, Staub und säumige Handwerker noch nicht genug wären: viele bauliche Veränderungen bedürfen zusätzlich der Abnahme und Genehmigung durch die örtlichen Behörden. Wie auch in allen anderen Rechtsgebieten schützt Unwissenheit nicht vor Strafe. Auch wer völlig arglos Veränderungen an einem Gebäude vornimmt, die den Gesundheits-, Sicherheits-, Feuerschutz- oder den allgemeinen oder örtlichen Bauvorschriften widersprechen, muss möglicherweise seine Veränderungen auf eigene Kosten wieder rückgängig machen oder gemäß den Gesetzesvorgaben modifizieren. Die Vorschriften sind von Bundesland zu Bundesland, teilweise auch von Ort zu Ort unterschiedlich, außerdem werden sie häufig geändert. Aus diesem Grund sollte man immer einen Fachmann zu Rate ziehen, ehe man größere Bauarbeiten in Angriff nimmt. Wer einen wirklich großen oder aufwändigen Umbau plant, sollte eventuell einen Architekten beauftragen, der das gesamte Projekt überwacht und auch den richtigen Weg durch die Behördeninstanzen kennt.

Baugenehmigung

Größere Umbauten, die das äußere Bild eines Hauses verändern, seine Grundfläche oder sein Volumen nennenswert vergrößern, bedürfen in der Regel einer Baugenehmigung. Noch ehe der erste Handwerker auch nur einen Handschlag tut, müssen Ihre Pläne der Baubehörde zur Prüfung und Genehmigung vorgelegt werden. Nachbarn haben unter Umständen ein Einspruchsrecht und können Ihre Pläne vereiteln. Damit müssen Sie beispielsweise rechnen, wenn Ihr Vorhaben dem

Oben: Dieser Keller mit Gewölbedecken zeigt, wie sehr sich der interessante Charakter von Räumen, die ursprünglich nicht zu Wohnzwecken gebaut wurden, für einen Umbau anbietet. Vor allem in Städten sind die nötigen Genehmigungen heute leichter zu erhalten.

Nachbargrundstück Tageslicht wegnimmt. Selbst wenn Ihr Haus nicht unter Denkmalschutz steht, wird Ihnen möglicherweise eine bestimmte Gestaltung vorgeschrieben, die nach Ansicht der behördlichen Entscheidungsträger zum Charakter des Hauses und zum Ortsbild passt.

Eine Baugenehmigung ist grundsätzlich erforderlich für:

- Aufteilung eines Hauses in zwei separate Wohneinheiten
- Veränderung der Dachform
- Einbau einer Dachgaube
- Aufstocken eines Wohnhauses oder eines bestehenden Anbaus
- Erweiterung der Grundfläche des Hauses
- Umbau eines gewerblichen Gebäudes oder eines Teils davon in Wohnraum zur Vermietung. Immer mehr Behörden begrüßen aber diese »Umwidmung«, weil dadurch abgewirtschaftete Stadtbezirke neu belebt werden. In manchen Gebieten ist die Genehmigung jedoch schwierig zu erhalten.
- Die strengsten Vorschriften beziehen sich auf historische Gebäude oder solche, die sich in denkmalgeschützten Stadtbezirken befinden. In manchen Fällen dürfen nahezu keine Veränderungen vorgenommen werden. Manchmal sind Umbauten im Inneren zulässig, solange die Geschosse nicht verändert werden. Besitzer historischer Gebäude sollten Kontakte zu Interessengruppen suchen, um gegebenenfalls Beratung über zulässige Materialien und bauliche Details zu erhalten und auch entsprechende Bezugsquellen leichter in Erfahrung zu bringen.

Noch mehr Vorschriften

Die Baugenehmigung ist nicht etwa die einzige Hürde, die es zu nehmen gilt. Alle Umbauten, die sich auf die Statik eines Hauses auswirken, müssen von einem Sachverständigen abgenommen werden – auch wenn keine Baugenehmigung erforderlich war. Außerdem gibt es noch Bestimmungen über Gesundheit und Sicherheit, Gewässerschutz und Feuerverhütung, die sich auf viele Umbauvorhaben auswirken können. Beispiele sind die Größe und Form von Fenstern und Türen, die Gestaltung von Treppen und die Wahl der Baumaterialien.

Genau genommen muss jede ausgeführte Arbeit diesen Vorschriften folgen, um legal zu sein. Kleinere Verletzungen der Baugesetzgebung sind jedoch durchaus üblich. Denken Sie nur an Verstöße, denen Architekten oder ihre Klienten ästhetische Bedeutung beimessen, beispielsweise die zahlreichen »illegalen« Treppen ohne Geländer, die man selbst in Wohn- und Lifestyle-Zeitschriften gelegentlich sieht. Gängige Praxis ist auch, dass vorgeschriebene Details, die der Gestalter nicht elegant genug findet, bald nach der offiziellen Abnahme des Baus wieder verschwinden. Ich will hier keinesfalls über diese Praxis richten. Im Großen und Ganzen aber dienen die Bauvorschriften der Sicherheit der Bewohner, dem Schutz des eigenen Eigentums und des Besitzes der Nachbarn. Es sollte doch möglich sein, eine elegante und zugleich legale Gestaltung zu entwickeln.

Die folgenden Vorschriften sollten Sie kennen:

- Alle »bewohnbaren« Räume müssen mindestens ein Fenster haben. In diesem Zusammenhang gelten Küchen, Badezimmer und Durchgangsbereiche wie Flure und Treppenabsätze nicht als Wohnräume.
- Neue Abflussrohre müssen abgenommen werden, ehe sie verdeckt werden.
- Für Steckdosen ist ein Mindestabstand zum Fußboden vorgeschrieben. Sie dürfen nicht bündig mit ihm abschließen, damit im Falle einer Überflutung kein Wasser mit dem Stromnetz in Berührung kommen kann.
- Treppen müssen ein Geländer haben.
- Die Feuerschutzvorschriften sind besonders streng. In eigenem Interesse sollten Sie sich vor den Umbauten genau erkundigen. Oft wird

Oben: Eine der einfachsten Möglichkeiten, die Wohnfläche zu vergrößern, ist der Ausbau des Dachbodens. Es muss nur dafür gesorgt werden, dass durch Fenster oder Dachflächenfenster ausreichend Tageslicht in den Raum fällt.

Gegenüber: Küche, Essplatz und Wohnbereich gehen fließend ineinander über und erlauben einen ebenso nahtlosen Fluss der Aktivitäten. Der rustikale Charakter dieses Lofts mit sichtbaren Balken und schräger Decke kommt dennoch gut zur Geltung.

für neue Wohnräume ein zweiter Fluchtweg erforderlich.

- Verzagen Sie nicht an der Bürokratie. Selbst wenn Sie sich während der Bauphase manchmal wünschen, niemals damit angefangen zu haben: am Ende lohnt es sich fast immer.

Raumgefühl schaffen

Wir sind daran gewöhnt, unsere Häuser als Sammlung von Räumen zu sehen, von denen jeder eine bestimmte Funktion erfüllt. Ebenso setzen wir Platz meistens mit Stellfläche gleich. Wer Raum jedoch nur im Sinne von Quadratmetern begreift, vergisst einen wesentlichen Aspekt – nämlich das illusorische Wesen des Raums.

Das Geheimnis ist das Volumen. Um ein einfaches Beispiel zu wählen: Räume mit gleicher Länge und Breite, aber unterschiedlicher Höhe, wirken ganz verschieden. Durch Veränderungen der Ebenen, beispielsweise durch das Entfernen eines Teils der Decke, lässt sich ein Raum vertikal erweitern. Dadurch gewinnen Sie vielleicht nicht genügend Zentimeter für ein großes Sofa – tatsächlich werden Sie sogar Bodenfläche einbüßen. Trotzdem wirkt der Raum gleich viel größer, und das ist doch das Ziel.

Es ist heute ein beliebter Kunstgriff, Trennwände einzureißen, um so größere Räume zu erhalten. Auch solche Veränderungen vergrößern die Bodenfläche nicht, doch sie schaffen mit Hilfe von Durch- und Ausblicken ein großzügigeres Wohngefühl. Stellen Sie sich den typischen Grundriss eines Reihenhauses vor. Nimmt man alle Trennwände heraus, entsteht ein großer Raum, in den aus zwei Himmelsrichtungen Licht fällt und allen Einzelbereichen zu Gute kommt. Und wenn diese Blickachse zusätzlich Elemente im Außenbereich mit einschließt, wird das Gefühl der Weite noch gesteigert.

Macht man aus mehreren kleinen Räumen einen großen, gewinnt man die Flexibilität, die zum Synonym zeitgemäßen Wohnens geworden ist. Über diese Ganzheit des Raums hat verblüffenderweise William Morris schon vor mehr als hundert Jahren nachgedacht. »Das Haus, das mir gefallen könnte«, schrieb er, »hätte nur einen großen Raum. In einer Ecke säße man mit Freunden zusammen, in einer anderen äße, schliefe oder arbeitete man.«

Besser kann man nicht zusammenfassen, was heute als Ideal der Loft-Gestaltung gilt. Aber Morris nahm vielleicht gar nicht zukünftige Entwicklungen voraus, sondern bezog sich auf die mittelalterliche Vergangenheit. Damals bewohnten Familien genau diese Art von Vielzweckräumen und ahnten noch nichts von der strengen Trennung zwischen Arbeit und Zuhause, die erst während der industriellen Revolution entstand.

Morris' Beschreibung beschwört zwar die Vorzüge des Lebens ohne die konventionellen Barrieren von Mauern, doch die Nachteile einer solchen Gestaltung sind ebenso offensichtlich. Es kann schwierig sein, »in einer Ecke mit Freunden zusammen zu sitzen«, wenn in einer anderen Ecke der Fernseher plärrt. Man kann sich nur schlecht auf die Arbeit konzentrieren, wenn einen Meter weiter die Essensvorbereitungen in vollem Gange sind. Wenn ein einziger Raum Platz für alle Aktivitäten bieten soll, sind Konflikte vorprogrammiert. Von Zeit zu Zeit wünscht man sich einen Rückszugsraum, und sei er noch so klein. Wichtig ist nur eine Tür, die man hinter sich schließen kann.

In älteren Häusern sind Flure, Dielen, Treppen und Treppenabsätze oft sehr großzügig gestaltet. Reißt man die Wände zwischen Wohnräumen und Fluren oder Treppenaufgängen ein, entsteht ein neues, großartiges Raumgefühl. Allerdings opfert man dafür die Pufferzonen zwischen öffentlichem und privatem Bereich, zwischen Draußen und Drinnen.

Das Wohnen in einem großen Raum hat etwas elementar Demokratisches und

Links: Dieses kleine Appartement von nur 36 Quadratmetern ist gut durchdacht, um den Platz optimal zu nutzen. Schlaf- und Wohnbereich gehen ineinander über, die Küche jedoch hat eine eigene Tür, damit die Kochdünste sich nicht zu stark ausbreiten können.

Gegenüber: Der Stauraum unter dem Hochbett verschwindet hinter einem einfachen Vorhang. Die Gestaltung in Weiß und Naturtönen lässt die Wohnung ruhig und geräumig wirken.

Unkompliziertes. Zweifellos wirkt ein großer Wohnbereich viel interessanter und anregender als eine Reihe kleiner Zimmer. Andererseits sind große Räume auch leicht laut, ablenkend und psychisch anstrengend. Selbst wenn nur wenig Platz zur Verfügung steht, ist die Privatsphäre wichtig. Abgeschlossene Bereiche bilden einen räumlichen und emotionalen Gegenpol und bieten Gelegenheit zum Abschalten. Gleichzeitig betonen sie durch den Kontrast die Offenheit der restlichen Wohnung und bereichern so das Erleben der Räume.

Die Lösung ist eine ausgewogene Kombination aus offenen und geschlossenen Bereichen. Damit ist nicht die Rückkehr zum traditionellen Wohnkonzept aus verschiedenen kleinen Räumen gemeint, die von einer »Verkehrsader« verbunden werden. Vielmehr haben Sie die Freiheit, flexible Breiche innerhalb des großen Raums zu gestalten, die komplett abgetrennt werden können, wann immer sich die Notwendigkeit dafür ergibt. Aber das sind letztlich Entscheidungen, die jeder Mensch anhand seines Lebensstils nur selbst fällen kann.

Proportion & Charakter

Wer innerhalb eines bestehenden Gebäudes bauliche Veränderungen plant, sollte sich auch mit den architektonischen Feinheiten beschäftigen.

Bricht man beispielsweise in älteren Gebäuden die Trennwand zwischen zwei Räumen heraus, erhält man möglicherweise einen Raum, an dessen einer Wand zwei Kamine samt Schornsteinvorsprüngen liegen. Will man den Aufwand vermeiden, einen der Kamine wegreißen zu lassen, kann man beidseitig ein Stück der ehemaligen Trennwand stehen lassen, sodass eine Andeutung der alten Raumaufteilung erhalten bleibt. Denkbar wäre es auch, einen Teil des neuen Raums durch eine Veränderung des Bodenniveaus um eine oder zwei Stufen anzuheben. Auf diese Weise lassen sich obendrein in einem Mehrzweckraum verschiedene Bereiche abgrenzen. Vergrößert man einen Raum, indem man einen Teil der Decke entfernt, wirken die Fenster möglicherweise völlig unproportioniert. Kleine Fenster in einem großen Raum können lächerlich aussehen.

Das Teilen eines Raums bringt ähnliche Probleme mit sich. Trennt man einen geschlossenen Raum, vielleicht ein Bad oder ein Arbeitszimmer, von einem größeren Bereich ab, ist die Bodenfläche in Relation zur Deckenhöhe meist zu klein. Meist lässt sich dieses Problem durch Einziehen einer tieferen Decke jedoch lösen.

Der Umbau eines bestehenden Gebäudes – ob bescheidenes Reihenhaus oder ehemaliger Gewerbebau – bringt die verschiedensten baulichen Details ans Licht. In der schlechten alten Zeit war eine Modernisierung meistens gleichbedeutend mit dem Herausreißen von Stuckleisten, Vertäfelungen, Kaminen und anderen historischen Elementen. Wenig später schlug das Pendel in die andere Richtung aus und spezielle Fachhändler für historische Bauteile machten gewaltige Umsätze, weil Hausbesitzer sich plötzlich um

behutsame Restaurierung bemühten. Die ursprünglichen Details geben einem Bau seinen Charakter, allzuviele solcher Elemente können aber auch das Gefühl von Geräumigkeit stören. Bei einem Umbau sollte man zunächst überlegen, welche Elemente gut zum angestrebten Stil passen, und dann eine feinfühlige Kombination aus Alt und Neu anstreben.

Neuen Raum schaffen

Die Umgestaltung eines bestehenden Grundrisses kann die Raumqualität verbessern, etwa indem mehr Tageslicht hinein fällt, die Aussicht schöner oder der Zugang einfacher wird. Wer jedoch wirklich mehr Platz benötigt, muss entweder ungenutzte Bereiche erschließen oder das Haus nach oben hin oder außen vergrößern. Solche Veränderungen sind wesentlich teurer und aufwändiger, und in den meisten Fällen ist die Mitarbeit eines Fachmanns nötig.

Eine der offensichtlichsten Möglichkeiten, mehr Bodenfläche zu schaffen, besteht darin, in einen vorhandenen Raum eine zusätzliche Ebene einzubauen. Bedingung dafür ist, dass der Raum hoch genug ist, um für einen solchen Einbau Platz zu bieten.

Zwischengeschosse sind vor allem in Lofts und umgebauten Lagerhäusern beliebt. Sie stören das offene Raumgefühl nicht und schaffen trotzdem willkommene Rückzugsorte. Solche Zwischengeschosse sind eigentlich Galerien oder Plattformen. Sie eignen sich sehr gut als Schlaf- oder Arbeitsbereich, weil sie durch ihre Abtrennung vom eigentlichen Wohnbereich etwas eher Privates haben. Für den Aufstieg reicht eine einfache Leiter aus, und bezüglich der Kopfhöhe gibt es keine Vorschriften. Wem zum Schlafen eine lichte Höhe von einem Meter ausreicht, der möge sich sein Bett dort bauen. Man sollte aber bedenken, dass solche Zwischengeschosse am besten in »echten« Lofts wirken und sich weniger für diese Pseudolofts eignen, die eigentlich nur normale Wohnungen in einem ursprünglich gewerblich genutzten Gebäude sind. Echte Lofts haben normalerweise so hohe Decken, dass durch den Einbau eines Zwischengeschosses eine Galerie mit Stehhöhe entsteht. Darunter lässt sich gut ein geschlossener Raum einbauen, beispielsweise ein Bad, ein Arbeitsraum oder ein begehbarer Schrank. Für solche Einbauten ist keine Baugenehmigung nötig, doch Sie sollten sich von einem Fachmann beraten lassen, weil sich die Belastung der tragenden Mauern vergrößert.

Eine zweite relativ einfache Möglichkeit, Platz zu gewinnen, ist der Dachbodenausbau. Viele ältere Gebäude haben einen geräumigen Dachboden, der kaum genutzt wird. In neueren Häusern dagegen ist wegen der vorgeformten Dachstuhl-Elemente ein Dachausbau manchmal unmöglich. Beim Ausbau eines Dachbodens müssen in vielen Fällen die Balken der darunterliegenden Decke verstärkt oder verdoppelt werden, damit sie das Gewicht von Menschen und Möbeln tragen kann. Außerdem muss wenigstens an einer Stelle das Dach geöffnet werden. Ein einfaches Dachfenster ist das Minimum. Auch die Sparren beiderseits eines solchen Fensters müssen eventuell verstärkt werden. Wenn die Stehhöhe nicht ausreicht, könnte man eine Gaube einbauen. Doch dabei kommen wieder neue Konstruktionsaspekte ins Spiel, außerdem ist eine Genehmigung erforderlich.

Ein weiteres wichtiges Kriterium ist der Zugang zum neuen Raum. Wenn ein Haus durch den Dachausbau mehr Geschosse bekommt, sind Feuerschutzbestimmungen zu berücksichtigen. Vielleicht müssen Sie zwischen dem neuen Bereich und dem restlichen Haus eine Brandschutztür einbauen, eine einfache Klapptreppe ist als Fluchtweg definitiv nicht zugelassen. Ein Umbau wäre allerdings sinnlos, wenn Sie den neuen Raum nicht regelmäßig nutzen wollen. Darum ist eine ordentliche Treppe in jedem Fall eine gute Investition in Ihre Sicherheit und Bequemlichkeit.

Dachausbauten sind vor allem in dicht bebauten Gebieten zu Recht sehr beliebt. Anders verhält es sich mit dem Kellerausbau. Kellerräume sind längst nicht so ansprechend, außerdem ist der Ausbau meist aufwändiger und teurer. Wenn überhaupt ein Keller mit Stehhöhe vorhanden ist, müssen die Mauern gegen Feuchtigkeit isoliert und Versorgungsleitungen verlegt werden. Vor allem aber muss außen das Erdreich abgegraben werden, um eine Tür oder ein Fenster einbauen zu können. Wenn die Kellerhöhe nicht ausreicht, ist der bauliche Eingriff so kompliziert, dass er sich nur selten lohnt. Das Fundament muss von unten gestützt werden, um den Boden des Kellers abzusenken.

Eine Erweiterung der Grenzen des Hauses kann ebenfalls aufwändig sein, doch ist dies eine Alternative zum Umbau im Inneren, die den entscheidenden Unterschied zwischen einem bewohnbaren und einem bewohnenswerten Haus ausmachen kann. Die beliebteste Form des Anbaus ist der Wintergarten – ein voll oder teilweise verglaster Übergangsbereich zwischen Haus und Garten. Für kleine Wintergärten ist keine Baugenehmigung nötig. Es gibt verschiedene Modelle als Bausatz, die nicht mehr als ein Fundament und einen sorgfältigen Aufbau verlangen. Für aufwändigere Anbauten sollten Sie einen Architekten hinzuziehen, der Sie über die Platzierung berät und Lösungen findet, den Anbau mit den vorhandenen Räumen optisch und klimatisch zu verbinden.

Anbauten müssen nicht groß sein, um Gewinn zu bringen. Es kann für die Gestaltung und Nutzung eines Raumes schon ausreichen, eine Längs- oder Querwand um einen Meter nach außen zu rücken. Weiterhin schaffen Anbauten oft die Möglichkeit, Glasdächer oder Oberlichter einzubauen und so die Wirkung des Raumes oder der ganzen Wohnung enorm zu verändern. Durch das Hinzufügen eines Anbaus kann man außerdem die Gestaltung der übrigen Räume verändern, neue Blickachsen kreieren und die Beziehung zwischen Haus und Außenwelt verbessern.

In baulicher Hinsicht ist für einen Anbau im Erdgeschoss ein Fundament erforderlich, das eventuell an das vorhandene angeschlossen werden muss. Anbauten auf einem Dach erfordern möglicherweise die Verstärkung des vorhandenen Fundaments. Außerdem muss eine Außenmauer geöffnet werden, um einen Zugang zum neuen Raum zu schaffen. Und schließlich muss der neue Raum mit Elektrizität, Heizung und anderen Versorgungsleitungen ausgestattet werden.

Wohnbeispiel
Studio in London

Oben: Der Laubengang auf dem Dach des Golden Lane Estate. Die Anlage wurde in den 1950er Jahren von Chamberlain Powell Bon entworfen und steht heute unter Denkmalschutz.

Gegenüber: Auf das Hochbett gelangt man über die siebenstufige Treppe, zwischen deren Stufen Fächer eingebaut wurden. Die Treppe ist so leicht, dass man sie bei Bedarf verschieben kann.

Dieses winzige Appartement liegt in einem der Blocks des Golden Lane Estate in der Londoner Innenstadt. Es hat eine gewölbte Decke und große Fensterflächen, durch die von beiden Seiten Licht in die Räume flutet, doch ist es mit nur 30 Quadratmetern wirklich klein.

Die jetzige Bewohnerin ist Architektin. Als sie die Wohnung kaufte, waren Wohn- und Schlafbereich durch eine Wand getrennt, die das Raumgefühl störte. Sie beschloss, nichts zu übereilen und lebte zunächst eine Weile mit der bestehenden Aufteilung, um auszuprobieren, ob sie sich bewährte, und um ihre exakten Wohnbedürfnisse herauszufinden.

Sie entschied sich schließlich, die Wohnung durch Entfernen der Trennwand so weit wie möglich zu öffnen. Für das Bett baute sie eine praktische Plattform, unter der viel Stauraum untergebracht ist. Die Zeit, die sie sich zum Nachdenken nahm, zahlte sich aus. Durch das Entfernen der Trennwand wirkt die Wohnung nicht nur viel geräumiger, auch der Zugang zur Küche wird erleichtert.

Die Einrichtung entspricht dem neuen Raumcharakter. Kleinteilige Details und Teppiche mussten weichen. Statt dessen sorgen bräunliches Linoleum und weiß gestrichene Wände, denen ein Hauch Violett Wärme verleiht, für einen nahtlosen, neutralen Hinter grund.

Die Möblierung ist sparsam, jeder verwertbare Winkel wurde in Stauraum verwandelt. Das Resultat bringt die interessante Architektur und die helle, luftige Atmosphäre der Wohnung optimal zur Geltung.

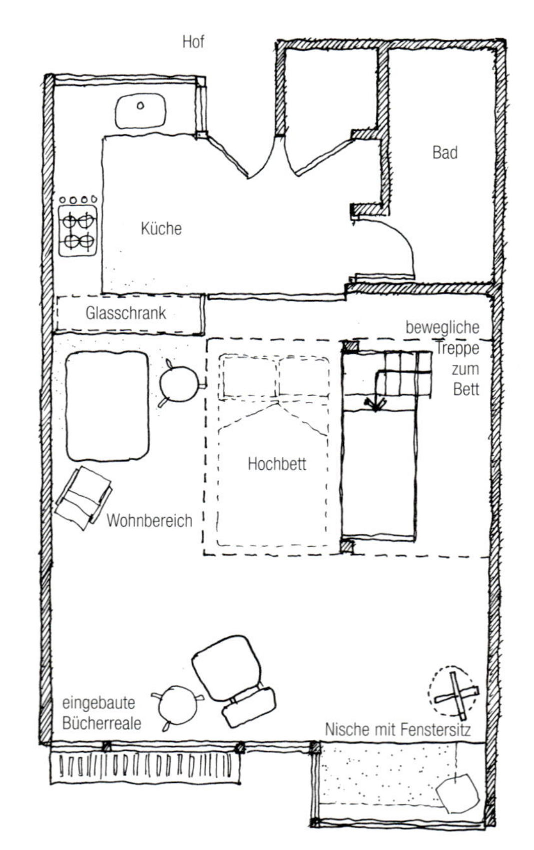

Studio in London, 30 Quadratmeter

Oben links: Die Schlafplattform wurde mit Unterstützung eines Bauingenieurs entwickelt. Sie ruht auf weiß lackierten Stahlträgern, die an einer Wand befestigt sind und in den Raum vorragen, sodass das Bett über dem Boden zu schweben scheint.

Oben: Nachdem die ursprüngliche Trennwand beseitigt war, konnte die Küche umgestaltet werden. Die schmale Tür wurde durch eine breite Schiebewand ersetzt, die bei Bedarf den Einblick in die Küche verhindert. Der Einbauschrank mit Glasrückwand war bereits vorhanden. Er wurde nur passend zu den Fensterrahmen mit Mahagoni-Furnier bezogen.

Gegenüber: Das Hochbett nutzt die zusätzliche Höhe unter der gewölbten Decke aus. Selbst im Kopfteil ist noch Stauraum untergebracht.

Links: Detail des eingebauten Küchenschranks, der eine transparente Grenze zwischen Küche und Wohnbereich zieht.

Unten links: Auch unter den Polstern des eingebauten Fenstersitzes befindet sich Stauraum. Das Bücherregal gehört zur Originalausstattung der Wohnung.

Oben: In Küche und Bad wurden kaum Veränderungen vorgenommen. Nur auf der rechten Seite der Küche wurde mit Nachbauten der vorhandenen Schränke neuer Stauraum geschaffen. Eine Edelstahlplatte verbindet die Einbauten miteinander. In der Trennwand zwischen Bad und Küche befinden sich hinter Klappen, die sich auf Fingerdruck öffnen, die Putzmittel.

Gegenüber: Das Schreibtischelement unter dem Hochbett besteht aus MDF-Platten und gelochter Hartfaserplatte. Auf seiner Rückseite ist ein Kleiderschrank eingebaut.

Poker

Wohnbeispiel

Italienischer Stall

Beim Umbau vorhandener Gebäude ist Platzmangel oft nicht das einzige Problem. In diesem Fall war auch die ungewöhnliche lange, schmale Form eine echte Herausforderung. Das Gebäude, ursprünglich ein Stall aus dem 15. Jahrhundert, liegt im historischen Stadtzentrum von Treviso bei Venedig. Der Auftrag des Architekten lautete, eine Zweitwohnung für einen Geschäftsmann zu gestalten, die während der Woche benutzt werden sollte.

Die Lösung bestand darin, den 40 Quadratmeter großen Raum in drei klare, hintereinander liegende Zonen zu gliedern:

Eingangsbereich mit Küche, Wohnbereich sowie Schlafbereich mit Bad. Damit die Wohnung offen und einheitlich wirkt, wurden zwei Trennwände entfernt und durch Stahlträger ersetzt, die neben ihrer tragenden Funktion den Übergang von einer Zone in die andere kennzeichnen.

Auch die elliptische Säule zwischen Küche und Essbereich hat diese Doppelfunktion aus Stütze und dezenter Abgrenzung. Glasschiebetüren trennen den Wohnbereich vom Schlafzimmer. Direkt auf den Türen sind Lamellen-Jalousien befestigt, die man tagsüber offen lassen und am Abend als Sichtschutz schließen kann.

In dem Raum, der nur 2,6 Meter breit ist, beschränkt sich die Dekoration auf ein Minimum. Wände und Decken sind weiß gestrichen, das helle Eichenparkett wurde quer verlegt, um den Raum optisch zu verbreitern. Der Fußboden zieht sich durch die ganze Wohnung und schafft so den optischen Zusammenhang.

Oben: Das Detailfoto zeigt eines der Originalfenster aus dem 15. Jahrhundert.

Gegenüber: Der Wohnbereich mit seinen Zonen zum Essen und Entspannen nimmt die mittlere der drei Zonen ein.

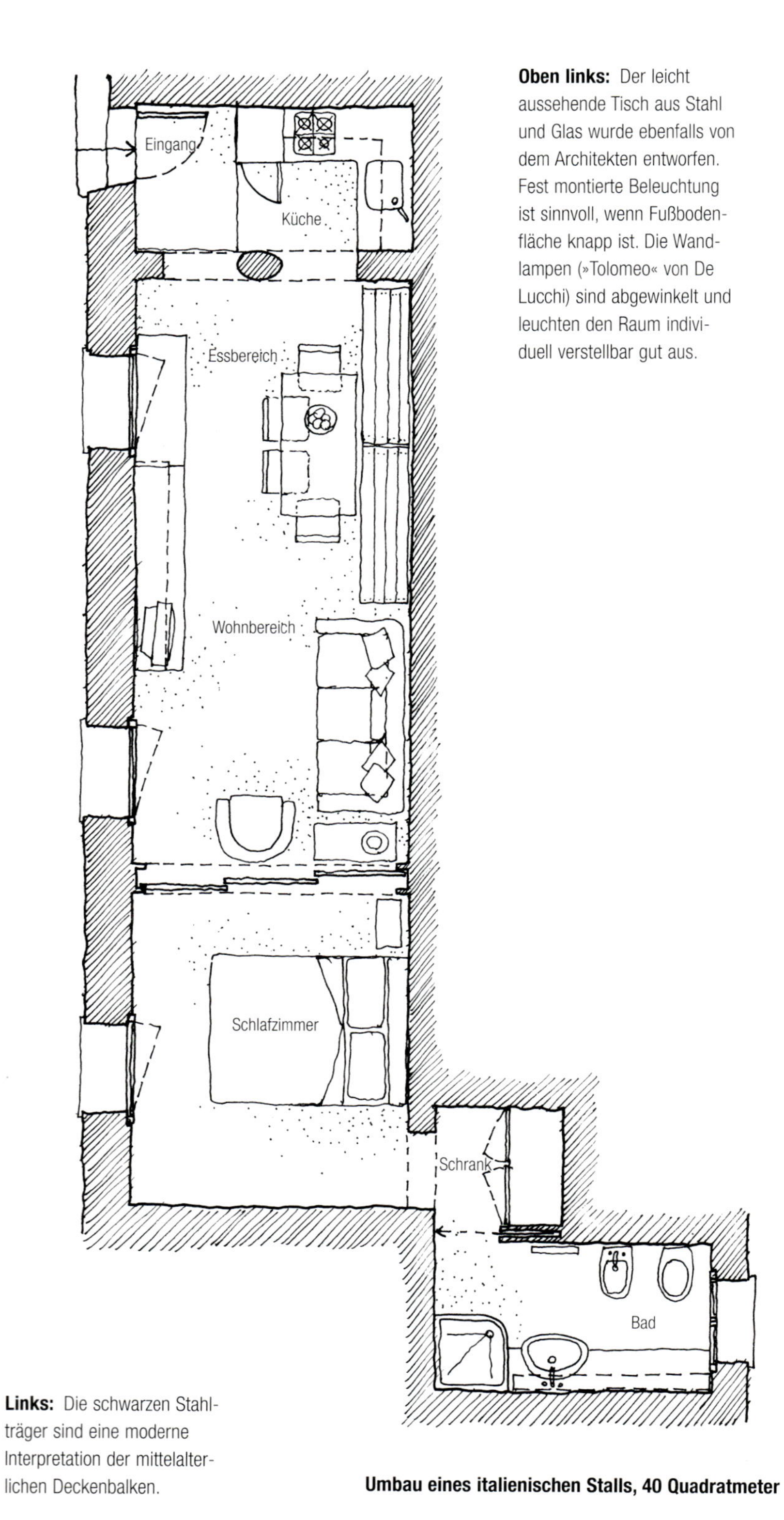

Oben links: Der leicht aussehende Tisch aus Stahl und Glas wurde ebenfalls von dem Architekten entworfen. Fest montierte Beleuchtung ist sinnvoll, wenn Fußbodenfläche knapp ist. Die Wandlampen (»Tolomeo« von De Lucchi) sind abgewinkelt und leuchten den Raum individuell verstellbar gut aus.

Links: Die schwarzen Stahlträger sind eine moderne Interpretation der mittelalterlichen Deckenbalken.

Umbau eines italienischen Stalls, 40 Quadratmeter

Oben: Die Bänke wurden nach Entwürfen des Architekten passend zum Fußboden aus Eiche angefertigt. Durch den weißen Überwurf wirkt das Sofa weniger dominant.

Oben rechts: Hängende Wandschränke und ein Schubladenelement auf einer Eichenbank sorgen im Essbereich für ausreichend Stauraum.

Links: Dreiteilige Glasschiebetüren trennen den Schlafbereich von der restlichen Wohnung. Das mittlere Feld steht fest, die Seitenteile sind verschiebbar.

Oben: Im kompakten Badezimmer mit Duschkabine sind Schrankelemente aus Buchenholz eingebaut. Ein langer Wandspiegel lässt den Raum größer wirken.

Gegenüber: Der Tisch aus Stahl und Glas neben dem Bett ist eine verkleinerte Version des Esstisches. Das Bild in Rot und Schwarz bildet in dem überwiegend weißen Farbkonzept einen markanten Blickfang.

Wohnbeispiel

Wohnung in Hongkong

Obwohl diese Wohnung mit 92 Quadratmetern für die Verhältnisse Hongkongs groß ist, ist sie für eine vierköpfige Familie keineswegs übermäßig dimensioniert. Die Wohnung liegt in einer von Hongkongs belebtesten Einkaufsstraßen und wurde komplett umgebaut, um eine Oase der Ruhe zu schaffen.

Die Aufteilung stellt alle Grundrisskonventionen auf den Kopf. Die Wohnung wurde vollständig entkernt, nur in der Mitte blieb eine tragende Säule stehen. Rings um diese Säule wurde ein Pavillon eingebaut, in dem auf einer Seite ein Ruhesofa und auf der anderen Seite das Elternschlafzimmer untergebracht ist. Dazwischen liegt ein begehbarer Kleiderschrank. Rings um die Außenmauer zieht sich eine doppelte Wand, in der Stauraum und Funktionselemente wie Küchenzeile, Bad und Essbereich untergebracht sind. Von dieser Wand springen zwei organisch geformte Kapseln vor, die Platz für die Toilette und ein zweites Bad bieten.

Zwar war die zentrale Lage dieser Wohnung durchaus erwünscht, doch der Blick auf die umgebenden Hochhäuser ist eher unerfreulich.

Ein wichtiger Faktor für die ruhige Atmosphäre dieser Wohnung sind die Scheiben aus satiniertem Glas vor den Fenstern, die diffuses Tageslicht in die Räume strömen lassen, aber die harte Stadtrealität aussperren. Weil der mittlere Pavillon nicht ganz bis an die Decke reicht und die Küche auf einem erhöhten Podest liegt, dringt das Licht in alle Zonen der Wohnung und man kann gut von einem Bereich in den anderen sehen.

Oben und gegenüber: Die große Steinbadewanne an der Außenmauer ist vom Elternschlafzimmer aus direkt zugänglich. Die Toilette befindet sich in einer geschwungenen Kabine, die von der Außenmauer vorspringt.

Unten: Eine große Scheibe aus satiniertem Glas bildet den leuchtenden Hintergrund des Essbereiches. In der großen Fläche liegen kleinere Felder aus klarem Glas. Sie sind mit Seidenbahnen verhängt, die man beiseite schieben kann, wenn man einen Blick nach draußen werfen möchte. Die lange Bank um den Esstisch dient auch als Stauraum.

Rechts: Die Küche steht auf einem Podest. Gut verteilte Lichtbänder beleuchten die Arbeitsflächen, und durch den erleuchteten Fußboden scheint die ganze Küche zu schweben. Schränke, Spüle und Herd sind in die doppelte Außenmauer eingebaut.

Oben: Vom zentral gelegenen Ruhesofa aus gelangt man in den Wohnbereich. Tatami-Matten mit einer Einfassung aus weißer Seide liegen auf aufgearbeiteten Teakholzdielen.

Oben: Eine verbreiterte Fensterbank dient als niedriger Tisch zum Arbeiten oder Lesen. Bündig abschließende Einbauregale beschränken Unordnung und visuelle Ablenkungen auf ein Minimum.

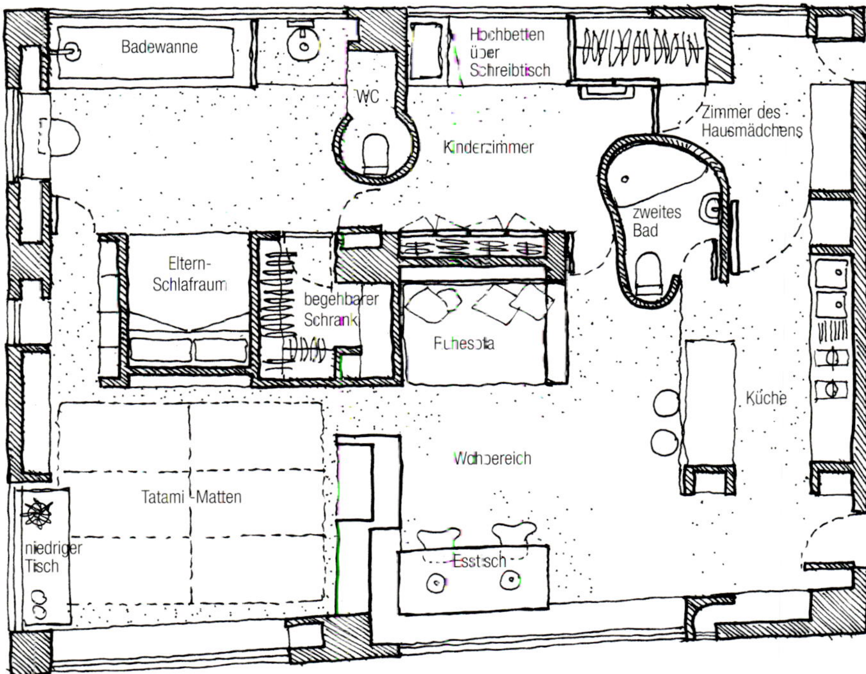

Wohnung in Hongkong, 92 Quadratmeter

Links: Das Doppelbett ist ringsum von Wänden umgeben, die einen Teil des zentralen Pavillons bilden. In flachen Nischen, die auch als Ablage dienen, sind versenkte Leselampen eingebaut.

Gegenüber: Die Kinder schlafen in Hochbetten, die sie über Leitern aus sachlichen Stahlbögen erreichen. Darunter sind Schränke und Arbeitsplatten eingebaut – ideal für die Hausaufgaben.

Oben: Zwischen Schlafzimmer und Ruhesofa ist im zentralen Pavillon ein begehbarer Schrank mit reichlich Stauraum für Kleidung untergebracht. Alle Wände und Einbauelemente sind matt weiß gestrichen, um die Leuchtkraft des Tageslichts voll auszuschöpfen.

Bewegung & Abgrenzung

Unser Raumerleben
ist nicht statisch.

Gegenüber: Zwei Möglichkeiten: Die Arbeitsplatte des Schreibtisches lässt sich hochklappen. Auf diese Weise hat man einen Arbeitsplatz mit einer anregenden Aussicht und zugleich einen unkomplizierten Zugang zur angrenzenden Dachterrasse.

Unser Raumerleben ist nicht statisch. Im Laufe eines Tages bewegen wir uns von Bereich zu Bereich, von Ebene zu Ebene. Wir führen zahllose Routinearbeiten aus, holen die Post und bereiten Essen zu. Selbst der trägste Sofahocker rutscht ab und zu von seinem Sitz. Diese kleinen Wege hierhin und dorthin sind so belanglos, dass wir sie kaum bewusst wahrnehmen. Und doch haben sie mit einer wichtigen Ebene der Raumwahrnehmung zu tun. Sind die Durchgänge offen und unkompliziert, kann man seine Wege effizient erledigen. Machen sie dagegen Mühe, stellen sie permanent ein unterschwelliges Ärgernis dar.

Treppen, Flure und Dielen sind die Verkehrsadern einer Wohnung. Man kann diesen Begriff aber auf andere typische Bewegungsabläufe ausdehnen, sowohl zwischen Räumen als auch zwischen den verschiedenen Bereichen eines Raums. In diesem Zusammenhang geht es also nicht nur um den Weg zur Eingangstür, sondern ebenso um die Anordnung der Möbel in Wohnräumen, die Aufteilung der Küche oder des Badezimmers.

In einer kleinen Wohnung hat der Faktor Bewegung besonders viel Bedeutung. Wenn ohnehin wenig Platz vorhanden ist, schränkt jedes Hindernis die Bewegungsfreiheit ein und verstärkt das Gefühl, dass die Wohnung eigentlich zu klein ist, um bequem zu sein. Positiver ausgedrückt vergrößert Bewegungsfreiheit die Möglichkeit, einen Raum immer neu aus verschiedenen Perspektiven wahrzunehmen. Und diese Möglichkeit sollte gerade in kleinen Räumen geschaffen werden.

Abgrenzung stoppt Bewegung. Wenn Räume durch Türen oder Schiebetüren unter-

teilt sind, durch Möbel oder Wandschirme, dann werden dadurch zwangsläufig die Wege in der Wohnung vorgeschrieben. Eine interessante Lösung, die auch die ersten Beispiele des »offenen Wohnens« intensiv geprägt hat, zeigt das traditionelle japanische Haus mit den verschiebbaren Reispapier-Wänden. Die ineinander übergehenden Räume dieser Häuser haben Charles Rennie Mackintosh, Frank Lloyd Wright und andere frühe Architekten der Moderne beeinflusst. Ihr Interesse galt vor allem den Möglichkeiten, verschiedene Ebenen und Bereiche miteinander zu verbinden, statt sie starr gegeneinander abzugrenzen. In der japanischen Wohntradition misst man Raum in Modulen von der Größe der Tatami-Matten. Durchscheinende Schirme dienen als flexible Trennung zwischen den Räumen und zwischen Haus und Außenwelt. Sie fungieren mal als Wand, mal als Tür, mal als Fenster. Dieses Modell ist noch heute für die Gestaltung multifunktionaler kleiner Räume richtungweisend.

Bewegungsmuster

Wie Besucher von Palästen und herrschaftlichen Wohnhäusern vielleicht wissen, ist der Flur eine relativ junge Erfindung der Architekten. In den prächtigen Häusern des Barocks ging man, ohne einen »Zwischenraum« zu durchqueren, von einem Raum direkt in den nächsten. Auf politischer Ebene diente diese Anordnung auch dazu, die Machtstrukturen zu festigen. Weil sich Vorzimmer an Vorzimmer anschloss, bewegte sich der Besucher auf einem vorgeschriebenen Weg bis zu seinem Ziel, dem Sitz der obersten Autorität. Und nur den handverlesenen Begünstigten wurde erlaubt, sich von den äußeren, eher öffentlichen Räumen bis in das innere Allerheiligste vorzuarbeiten. Unter dem Einfluss des Klassizismus wurden diese Zimmerfluchten zu symmetrischen Kunstwerken. Man muss kaum erwähnen, dass Privatsphäre, wie wir sie heute schätzen, damals unbekannt war. Die Diener schliefen häufig in den Zimmern ihrer Dienstherren und nicht in einer abgelegenen Kammer unter dem Dach oder in einem speziellen Flügel.

Im 18. Jahrhundert, als sich mit steigendem Wohlstand ein begütertes Bürgertum entwickelte, verloren die Landhäuser etwas von ihrem Palastcharakter. Ein neues Ideal von Häuslichkeit wurde geboren. Gleichzeitig entstand auch das Bedürfnis, Bereiche abzutrennen und intime Enklaven zu schaffen. So entwickelte sich die Trennung zwischen Geschlechtern und Klassen, die später in den viktorianischen und edwardianischen Landhäusern auf die Spitze getrieben wurde. Zahlreiche Treppenhäuser und ein Gewirr aus Fluren bildeten ein doppeltes Netzwerk, in dem die Dienstboten umhereilen konnten, ohne von den Herrschaften gesehen zu werden. In manchen Fällen wurden sogar die angrenzenden Gärten und Parks nach diesem Prinzip angelegt. Da wurden trockene Gräben durch die Rasenflächen gezogen, damit sich die Gärtner von einer zur anderen Seite bewegen konnten, ohne die Aussicht zu verschandeln. Ich erinnere mich an die Geschichte einer wohlhabenden Lady, die das Haus einer weniger begüterten Freundin besuchte. »Wie reizend diese gelben Herbstblätter auf dem Rasen aussehen«, soll sie gesagt haben. »Verstreut Ihr Gärtner Sie jeden Morgen?«

Selbst in schlichteren Häusern waren die Verkehrswege oft überproportioniert. Im typischen Reihenhaus aus viktorianischer Zeit verschlingt die Treppe mit Kehrtwende enorm viel Platz. Flure, Treppenabsätze und Treppen können einen erheblichen Anteil am Gesamtvolumen eines solchen Hauses einnehmen. Platzverschwendung, möchte man denken. Man sollte sich in diesem Zusammenhang aber einmal mit den Arbeiten von Sir Edwin Lutyens beschäftigen. Dieser Architekt verstand die Geheimnisse des Raums besser als viele andere. Lutyens war der Lieblingsarchitekt der Neureichen der edwardianischen Zeit,

die ihr Vermögen mit Handel und Börsenspekulation gemacht hatten und versuchten, auf dem Lande Fuß zu fassen.

Bevorzugt waren natürlich Orte, von denen aus die Stadt leicht zu erreichen war. Ob Lutyens nun im Stil der Arts-and-Crafts-Bewegung arbeitete oder im klassischen Stil seiner späteren Zeit, immer schuf er Häuser, die den sozialen und ästhetischen Vorstellungen seiner Kunden schmeichelten, weil sie größer schienen als sie tatsächlich waren. Und das erreichte er fast ausschließlich durch die Gestaltung der Verkehrswege.

Schon zu Lebzeiten wurde Lutyens heftig wegen seiner üppigen Treppen, Dielen, Vestibüle, Treppenabsätze und Korridore kritisiert. Er legte diese Verbindungen so an, dass sie nicht die kürzeste Verbindung zwischen zwei Punkten darstellten, sondern eine Art Sightseeing-Tour produzierten und häufig in verschiedene Richtungen führen. Seine Treppenabsätze und Galerien hatten Zimmergröße, die Treppen waren breit und geschwungen. Die Häuser waren um einen Innenhof herum angelegt oder überraschten im Inneren durch große freie Flächen. Sich in diesen Häusern zu bewegen, war keineswegs ein prosaischer Alltagsakt, sondern eine umfassende Raumerfahrung, die durch Spannung und Überraschungseffekten erreicht wurde.

Wie faszinierend diese Raumerfahrungen waren, kann man aus einem Schreiben von der berühmten Gartengestalterin Gertrude Jekyll entnehmen, für die Lutyens eines seiner ersten berühmten Häuser baute. Das Anwesen mit Namen Munstead Wood hat im ersten Stock eine breite Galerie, von der die Schlafzimmer abgehen und die auf einer Seite von

Oben: Die Zwanglosigkeit des heutigen Lebens verwischt die Grenzen zwischen den reinen Arbeitsbereichen und den Zonen, in denen die Menschen sich entspannen oder mit Freunden zusammen sitzen. Hier setzt sich der Stil der Küchenelemente im Essbereich fort, sodass eine optische Einheit entsteht.

einer Reihe imposanter Fenster erhellt wird. »Auf geheimnisvolle Weise hat [die Galerie] eine freundliche, einladende Atmosphäre, die Geist und Körper zur Ruhe bringt und für Auge und Gehirn gleichermaßen befriedigend ist«, schrieb Miss Jekyll. Für sich selbst wählte sie das Schlafzimmer ganz am Ende der Galerie, nur um täglich den Weg in voller Länge genießen zu können.

Lutyens glaubte, dass »gerade durch die Platzverschwendung oft unbeabsichtigt Platz gewonnen wird«. Die Großzügigkeit, der Einfallsreichtum und die theatralische Wirkung dieser Verkehrswege schafft die Illusion sehr großer Räume und wirkt ungemein anregend.

In mancher Hinsicht ist diese Idee die Erweiterung des Prinzips von »Zufall und Über-

Oben: Eine deckenhohe Schiebetür ist praktisch, um Bereiche abzutrennen. Wenn Durchgänge oder Trennwände vom Boden bis zur Decke reichen, löst sich der Eindruck separater Räume auf. Außerdem sind Schiebetüren Platz sparend.

Gegenüber unten: Diese Folge ineinander übergehender Räume ist eine moderne Variation der klassischen Zimmerflucht. Die rote Wand am Ende der Flucht lenkt den Blick. Die Wand gehört zur Dusche, in der das Wasser direkt durch den durchbrochenen Holzboden abfließt. Ein zweiter Wechsel des Bodenbelags von Mosaik zu Holz kennzeichnet den Übergang vom Bad zum Schlafbereich.

raschung«, das Sir John Soane, einer meiner Lieblingsarchitekten, zu seinem Leitprinzip erhoben hat.

Sein kombiniertes Haus und Museum in Lincoln's Inn Field in London ist ein Meisterwerk räumlicher Vielschichtigkeit: unterschiedliche Volumina, Blickfluchten und verspiegelte Oberflächen verwirren und verzaubern das Auge.

Solche Beispiele machen uns bewusst, dass Größe zu einem wesentlichen Teil durch die individuelle Sichtweise bestimmt wird und dass selbst in der beengtesten Umgebung ausreichend Platz für das Element der Faszination ist. Jeder Raum, ob im Haus oder im Freien, wirkt uninteressant, wenn man ihn von einem beliebigen Standort aus mit einem einzigen Blick erfassen kann. Muss man sich jedoch fortbewegen, um alle Einzelheiten zu erkunden, um in versteckte Winkel zu schauen und unerwartete Kontraste oder Ausblicke zu entdecken, kann der Raum kaum langweilig werden.

Bewegung in kleinen Räumen

In kleinen Räumen können die Verkehrswege ein wichtiges Element sein, weil nur durch klar definierte Wege die Wohnfläche maximal auszuschöpfen ist. Wie die Arbeiten von Lutyens und Soane zeigen, können diese Wege aber auch eine Schlüsselrolle in unserer positiven Wahrnehmung von Räumen spielen und sogar

Oben: Transparente, drehbar gelagerte Paneele schirmen die Schlafecke in dieser offen gestalteten Wohnung dezent ab. Wandschirme aus satiniertem Plexiglas oder Reispapier schützen vor unerwünschten Einblicken, sperren aber das wertvolle Tageslicht nicht aus.

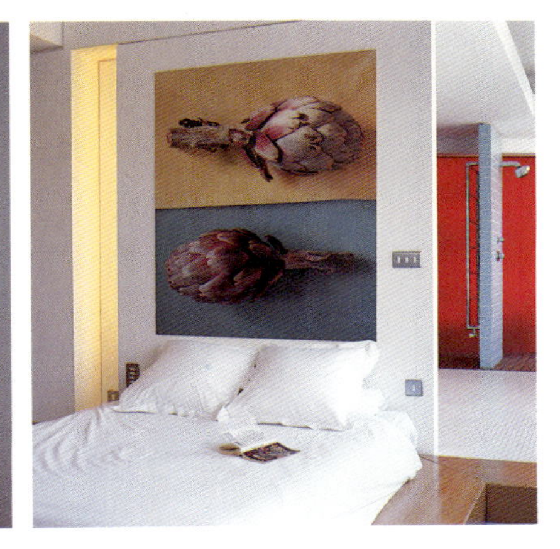

eine Geräumigkeit vortäuschen, die in Quadratmetern nicht messbar ist. Die Kunst besteht darin, beide Aspekte zu verbinden.

Zunächst einmal sollten Sie darauf achten, wie Sie sich von einem Raum zum anderen bewegen. Wenn Sie schon länger in Ihrer Wohnung leben, werden Sie sicherlich die Laufstraßen auf dem Fußboden gut erkennen können. Gibt es Engpässe, durch die man sich zwängen muss? Gibt es vielleicht auch Hindernisse, beispielsweise Türen, die ungünstig aufschlagen oder Möbelstücke, an denen Sie sich immer wieder stoßen? Können leicht Einkäufe ins Haus oder Müll nach draußen gebracht werden?

Der einfachste Ansatz besteht darin, die Bewegungsabläufe in der Wohnung durch Beseitigung von Hindernissen zu erleichtern. Auf Fluren und Treppenabsätze kann man gut Stauraum unterbringen, wenn sie breit genug sind. In den meisten Fällen ist aber eine sparsame Möblierung die bessere Lösung. In vielen Haushalten sammeln sich gerade in Fluren und auf Treppen alle möglichen Dinge an. Sie werden zum Abladeplatz für unbeantwortete Post, Sporttaschen oder Dinge, die später weiter ins Haus oder hinaus transportiert werden sollen. Wer gründlich aufräumt und sich anschließend das Abladen abgewöhnt, verschafft sich in räumlicher wie auch in psychologischer Hinsicht mehr Luft zum Atmen.

In anderen Fällen sind die Hindernisse schwieriger zu beseitigen. Sehen Sie sich an, wie Türen eingehängt sind. Wäre es günstiger, wenn einige in die andere Richtung schlügen oder durch eine Schiebetür ersetzt würden? Hat ein Bereich mehr als einen Zugang, welcher wird vorwiegend benutzt? Man kann erstaunlich viel Platz an der Wand gewinnen, wenn man eine überflüssige Tür einfach zustellt.

Eine maßstabsgetreue Zeichnung oder eine Skizze ist hilfreich, wenn die Verkehrswege völlig neu festgelegt werden sollen. Auf diese Weise löst man sich leichter von dem konkreten Raum und kann die Probleme und Lösungsmöglichkeiten besser beurteilen. Im Sinne der symmetrischen Zimmerfluchten der barocken Paläste beispielsweise kann ein klar definierter, gerader Weg von der Eingangstür bis zum Garten eine Blickachse bieten, die den Blick durch das ganze Haus lenkt und dadurch Geräumigkeit suggeriert. Eine andere Möglichkeit ist eine zentrale Verkehrszone, vielleicht eine Diele mit einer Treppe, die in höhere Geschosse führt. In beiden Fällen besteht die Möglichkeit, Tageslicht durch Fenster, Glastüren oder Oberlichter in den Raum zu holen, um ihn größer wirken zu lassen. Lichtstreifen oder unerwartete Ausblicke, die man erst in der Bewegung durch den Raum wahrnimmt, geben diesen funktionalen Bereichen Leben.

Die Treppe ist einer der schwierigsten Verkehrswege. In älteren Häusern sind die Treppen oft mit aufwändigen Details verziert und nehmen recht viel Platz ein. Wo es baulich und rechtlich machbar ist, sollte man Treppen öffnen. Wendeltreppen oder frei tragend an der Wand befestigte Stufen sind für kleine Räume besonders günstig, weil sie Licht durchlassen und interessante Durchblicke bieten. Außerdem sehen solche Treppen selbst reizvoll aus und sind schon darum eine Bereicherung.

Wände und Raumteiler

Wer Verkehrswege umgestalten will, muss häufig Wände entfernen und den Grundriss neu aufteilen. In engen Wohnungen können schon kleine Eingriffe große Veränderungen bewirken, vor allem in Räumen mit Einbauelementen wie Bad und Küche. Um mehr Ellbogenfreiheit zu gewinnen, kann es schon ausreichen, eine Wand um einige Zentimeter in den Flur zu verschieben.

Der Einbau einer Trennwand ist eine relativ einfache Sache, die selten Auswirkungen auf die Statik hat. Wichtige Überlegungen sind die beste Position und die Auswirkung auf die Zugänge zu den Räumen.

Gegenüber: Aus statischen Gründen ist es nicht immer möglich, bestehende Wände vollständig zu entfernen, vor allem, wenn diese eine tragende Funktion haben. In diesem Beispiel wurden durch große Öffnungen Durchblicke geschaffen, sodass der Eindruck eines sehr weitläufigen, offenen Raumes entsteht. Was früher ein konventioneller Flur war, wirkt heute wie ein Bestandteil des großen Wohnbereichs.

Wenn Sie einen großen Raum unterteilen, um zwei kleinere zu erhalten, achten Sie auf bauliche Elemente wie Fenster und Kaminvorsprung, damit die beiden neuen Räume gut proportioniert sind und ausreichend Licht bekommen. Sollen zwei Schlafräume entstehen, braucht jeder davon einen eigenen Zugang. Dadurch entstehen neue Verkehrswege, die möglicherweise einen Teil der nutzbaren Stellfläche kosten.

Abtrennungen müssen nicht aus massiven Wänden bestehen. In vielen Fällen wird zwar eine Abschirmung gewünscht, der offene Raumcharakter soll jedoch erhalten bleiben. Für solche Situationen sind halbhohe Raumteiler oder Wandvorsprünge eine gute Lösung, weil sie Wesen und Wirkung des Raumes nur geringfügig verändern. Eine halbhohe Trennwand beispielsweise kann einen Arbeitsplatz im Schlafzimmer abschirmen und so die beiden sehr gegensätzlichen Aktivitäten sinnvoll abgrenzen. Um das Licht optimal auszunutzen, könnte man solche Trennwände aus Glasbausteinen oder anderen durchscheinenden Materialien konstruieren. Günstig ist es auch, eine Küche durch einen hüfthohen Tresen abzugrenzen, statt sie durch Mauern vom restlichen Wohnbereich abzuschotten. Eine weitere Möglichkeit besteht darin, Trennwände nicht ganz bis an die Decke zu ziehen, sodass sie im Grunde wie große, frei stehende Raum-

Oben und rechts: Besonders günstig sind Trennwände, die in Höhe und Breite nur einen Teil des Raumes abgrenzen, weil sie die optische Weite und den Lichteinfall kaum beeinträchtigen. Hier dient ein schön gearbeiteter hölzerner Raumteiler als Kopfende für das Bett und zugleich als Grenze zum Schreibtisch.

Links: Öffnet man ein konventionelles Treppenhaus, indem man einen Teil der Seitenwand entfernt, entsteht ein Gefühl luftiger Weite, obwohl effektiv nicht mehr Fläche gewonnen wird.

Rechts: Eine offene Treppe und eine Galerie schaffen reichlich Platz. Das Volumen dieses ungewöhnlichen Raumes wird perfekt genutzt, ohne dass die Proportionen zerstört werden.

Links: Diese Dreiviertelwand zwischen Küche und Schlafbereich zeigt, wie praktisch einfache Raumteiler sein können. Die Wand ist verputzt und schlicht weiß gestrichen. Sie verhindert, dass die Aktivitäten der verschiedenen Bereiche miteinander in Konflikt geraten, ohne dabei den Raum zu dominieren.

teiler wirken. Diese Lösung bietet sich bei offenen Grundrissen an, um etwa im Schlafbereich die nötige Intimität zu schaffen.

Feste Wände oder Raumteiler jeder Art müssen nicht unbedingt gerade sein. Jeder Maurer wird Ihnen erklären, dass gerundete Wände teurer sind, doch in vielen Fällen wirkt eine leichte Rundung so attraktiv, dass sie ihren Preis wert ist.

Flexible Teilungen

Kleine Wohnungen müssen häufig zu unterschiedlichen Tageszeiten verschiedene Funktionen erfüllen. Manchmal müssen Wochenendgäste untergebracht werden, oft sind es auch kombinierte Wohn- und Arbeitsbereiche, die von einem Moment auf den anderen vom privaten zum öffentlichen Raum werden müssen. In solchen Vielzweckräumen sind flexible Trennungen die beste Lösung.

Hier liegt der Effekt darin, den Raum als Ganzes zu begreifen und Teilungen vorzusehen, die verschiedene Varianten erlauben. Um den Eindruck der Geräumigkeit zu verstärken, gibt es einige Tricks. Man kann beispielsweise Türen durch deckenhohe, verschiebbare Paneele ersetzen, die nach Bedarf bestimmte Bereiche öffnen oder abschirmen. Über Türen liegt normalerweise ein Stück Wand, das bei solchen Paneelen entfällt. Außerdem lassen sich die Schiebewände öffnen, ohne in den Raum vorzuspringen. Und sie vermitteln ein Gefühl von Großzügigkeit. Wenn man nicht mehr merkt, dass es eine Tür ist, trennt man sich automatisch auch von der Vorstellung eines Raumes als »Container«.

Ähnliche Schiebepaneele kann man auch zum Abschirmen von Einbauküchen oder Bädern benutzen. Ebenso kann man andere Hauswirtschaftsbereiche kurzerhand nach Gebrauch verschwinden lassen, sodass sie den Wohnbereich nicht stören. Einfach genial sind Paneele in Modulbauweise, in die sogar Klappbetten eingebaut werden können. Man kann sie bei Bedarf einfach umdrehen und hat im Nu einen Gästeschlafplatz.

Oben: Die beiden Seiten einer Medaille: Der halbhohe Raumteiler zwischen Schlafzimmer und Bad ist auf einer Seite gefliest. Die andere Seite dient als Rückenlehne einer Bank.

Gegenüber: Deckenhohe satinierte Glasschiebetüren schirmen die Küche von der restlichen Wohnung ab.

Kaum zu erwähnen braucht man die verschiedenen Unterteilungsmöglichkeiten mit tragbaren Paravents, frei stehenden Wandschirmen und sogar Möbeln. Wandschirme haben durchaus auch einen dekorativen Wert, und man kann sie immer da einsetzen, wo man sie braucht. Raumteiler stellen zwar eine physische Trennung dar, erlauben aber Durchblicke und blockieren das Tageslicht nicht. Häufig bieten sie auch Stauraum und Präsentationsflächen. Auf einfachster Ebene lässt sich eine klare Teilung auch durch Möbel erreichen. Zeigt die Rückseite des Sofas in den Raum, wird dadurch eine klare Grenze zwischen Wohnbereich und Ess- oder Arbeitsplatz gezogen. Selbst ein Teppich kann eine Sitzgruppe in einem Raum optisch abgrenzen.

Feste Raumkonzepte

In manchen Räumen sind flexible Raumteiler nicht einsetzbar. Küche, Bad und Hauswirtschaftsräume benötigen feste Versorgungsanschlüsse, die sich natürlich auf die Grundrissgestaltung auswirken. Spüle, Dusche, Wanne und Waschmaschine brauchen feste Rohrleitungen, Herd und Kochfeld benötigen Strom- oder Gasanschluss. Auch Großgeräte wie Kühlschrank und Tiefkühltruhe eignen sich kaum für flexible Einrichtungen. Man kann zwar durch die Wahl besonders kleiner Geräte eine gewisse Flexibilität gewinnen, doch in der Regel verringert sich dadurch der praktische Nutzen erheblich. Mit sorgfältiger Planung und dem Mut zu unkonventionellen Lösungen lässt sich aber auch aus diesen Räumen das Beste machen.

Küchen

Ergonomische Untersuchungen über Küchenarbeit wurden schon im 19. Jahrhundert angestellt, doch es dauerte noch bis weit ins 20. Jahrhundert, ehe die Ergebnisse dieser Forschungen in die Alltagspraxis umgesetzt wurden. Der Zweck dieser Forschung war, die effektivste Arbeitsabfolge zu ermitteln und daraus die optimale Küchengestaltung zu entwickeln. Wichtig wurden solche Fragestellungen in den 20er Jahren, als es kaum mehr Hauspersonal gab. Ab den 50er Jahren war die Klasse der Dienstboten fast völlig verschwunden, von nun an war die Küche im Wesentlichen ein Ein-Personen-Betrieb.

Die Wissenschaft der Ergonomie entstand aus Studien über Zeitaufwand und Bewegungsabläufe und diente ursprünglich dazu, die Ausführung wiederholter Handgriffe auf ein Minimum zu beschränken, um so die Effizienz der Fließbandproduktion zu steigern. Hierfür wiederum war eine gründliche Analyse der menschlichen Fähigkeiten erforderlich. Während die Fabriken inzwischen weitgehend mechanisiert sind und zunehmend sogar mit Robotern ausgestattet werden, ist die Küchenarbeit nach wie vor überwiegend eine körperliche Aktivität. Nun gut, ein Anruf beim Pizzaservice oder das Einschalten der Mikrowelle verlangt kaum mehr Aufwand als die Bewegung eines oder zweier Finger. Trotzdem gehören zur Zubereitung einer durchschnittlichen Mahlzeit noch immer viele kleine Handgriffe und Bewegungen, etwa das Bücken und Strecken oder die Wege zwischen Spüle, Kühlschrank und Herd.

Das Ergebnis dieser Forschungen ist seitdem für Küchenplaner zur Selbstverständlichkeit geworden: am günstigsten ist ein Küchengrundriss, in dem die Entfernungen zwischen den Hauptarbeitsbereichen möglichst kurz sind – höchstens ein paar Schritte. Dieses Wissen wird heute in dem Begriff »Arbeitsdreieck« zusammengefasst. Den drei Ecken werden die Kältezone des Kühlschrankes, die Nasszone der Spüle und die Wärmezone des Herdes zugeordnet, und dieses Dreiecksmodell lässt sich auf Küchen jeder Art anwenden.

Nun muss man kein Fachmann für Ergonomie sein, um das offensichtliche Prinzip zu verstehen. Das Holen von Zutaten aus Kühlschrank, Tiefkühltruhe oder Vorratsschrank, das Waschen, Vorbereiten und Kochen sind Routinearbeiten, die sich am besten erledigen lassen, wenn die Verbindungswege unkompliziert und kurz sind. Begeisterte Köche mit kleiner Küche werden das gern hören, Köche mit einem gewaltigen Arsenal an Utensilien und Zubehör vielleicht weniger, denn in einer kleinen Küche ist nun einmal nicht grenzenlos viel Platz. Jeder Koch sollte sich fragen, ob

Links: Hängende Metallpaneele an einem Schienensystem im Industriestil sind ein praktischer Sichtschutz für die lange Küchenzeile. Die sachlich-robuste Ausstrahlung der Paneele passt gut zum Lagerhauscharakter der Einrichtung.

Oben: Diese kleine, gut durchdachte Küche ist eine Variation der U-Form. Die Arbeit ist leichter, wenn die Wege zwischen den Arbeitszonen Kälte, Wärme und Wasser kurz sind.

Rechts: Durch Ausschnitte in der Trennwand kann man hier und da einen Blick auf die Küchenaktivitäten werfen.

er oder sie all die Gerätschaften regelmäßig benutzt und ob wirklich so viele Dinge in einer Küche stehen müssen.

Nimmt man das Arbeitsdreieck als Grundlage, lassen sich auch in einer kleinen Küche verschiedene günstige Lösungen finden. Welche Gestaltung Sie wählen, hängt letztlich von der individuellen Aufteilung Ihrer Küche ab. Eine Rolle spielt auch, ob Sie mit vorhandenen Gegebenheiten zurecht kommen müssen oder die Küche von Grund auf neu gestalten können.

Viele besonders praktische kleine Küchen sind Variationen des Zwei-Zeilen-Prinzips, bei dem die Geräte und Arbeitsplatten auf beiden Seiten eines mittigen Gangs angeordnet sind. Der Gang kann wie eine Sackgasse enden oder auch zu beiden Seiten offen sein und so beispielsweise zwei Bereiche der Wohnung verbinden. Denkbar ist auch eine »Arbeitswand«, an der alle Geräte und Anschlüsse liegen und die durch einen gegenüber stehenden halbhohen Tresen von einem größeren Raum abgegrenzt wird. In allen Fällen ist die Grundgestaltung ähnlich und es bestehen verschiedene Möglichkeiten für eine ansprechende und zugleich ergonomisch sinnvolle Aufteilung.

Eine zweite beliebte Küchenform ist die Einzelzeile, bei der alle Elemente an einer Wand aufgereiht sind. Vor allem in offenen Wohnungen hat diese Gestaltung den Vorteil, dass sich die Küche problemlos hinter einem Sichtschutz verstecken lässt, wenn sie nicht benutzt wird. Verschiedene Hersteller bieten inzwischen kompakte Küchensysteme an, bei denen in einem einzigen Block alle erforder-

lichen Geräte und Anschlüsse integriert sind. Diese Küchenblocks muss man nur noch aufstellen und anschließen. Im Grunde sind sie komprimierte Ausgaben der Ein-Zeilen-Küche. Erwähnt werden sollte allerdings, dass die meisten ernsthaften Köche diesen Küchentyp eher unpraktisch finden, vor allem, wenn die Zeile auch noch recht lang ist.

Weitere beliebte Küchenformen sind die U-Form, die L-Form und die Insel. U-förmige Küchen sind ausgesprochen praktisch, weil ein günstiges Arbeitsdreieck durch das U bereits vorgegeben ist. Außerdem fällt jeder Aktivität ein klar abgegrenzter Bereich zu, der zumeist auch über ausreichend Arbeitsfläche verfügt. Das offene Ende dieses Küchentyps ist ein idealer Platz für Tisch und Stühle. Die L-förmige Küche ist in ergonomischer Hinsicht ähnlich günstig. Der kürzere Schenkel des L lässt sich ebenfalls gut für einen Frühstückstresen oder für eine Abschirmung zum Wohnbereich hin nutzen. Küchen, in denen ein Tisch oder ein Arbeitsbereich wie eine Insel in der Mitte liegt, haben in den letzten Jahren an Beliebtheit gewonnen. Allerdings braucht eine solche Küche etwa doppelt so viel Platz wie eine Zwei-Zeilen-Küche und eignet sich darum kaum für eine kleine Wohnung.

Badezimmer

Eine der ersten Behausungen, die ich als Jungdesigner bewohnte, war eine traurige, feuchte Kellerwohnung in der Nähe von Primrose Hill. Zu ihren besonders exzentrischen Qualitäten gehörte eine Badewanne, die an einer Küchenwand eingebaut war – allerdings war das damals gar nicht so ungewöhnlich. Ich legte einen Deckel auf die Wanne, um sie als Arbeitsfläche benutzen zu können. Manchmal badete ich auch beim Kochen – Rühren und Einseifen in Tateinheit.

Diese relativ primitive Anordnung ist die Weiterentwicklung der Zinkbadewanne vor dem Küchenofen. Sie macht aber einen Aspekt unmissverständlich klar, dass nämlich Badewanne und Toilette nicht zwangsläufig in einem Raum untergebracht sein müssen, wenngleich beide im weitesten Sinne der Körperpflege dienen und ähnliche Ver- und Entsorgungsleitungen benötigen.

Wer ein Badezimmer plant, sollte zuerst überlegen, ob durch Trennung von Bad und WC eine bessere Platzausnutzung möglich ist. Winzige Badezimmer, in denen Toilette, Waschbecken und Wanne zusammengequetscht sind, können recht unangenehm sein. Andererseits brauchen zwei kleine Räume – einer für das WC und einer für eine Dusche – nicht mehr Platz, bieten aber praktische und psychologische Vorteile. Denkt man weiter, gibt es gute Gründe, die Wanne ins Schlafzimmer zu integrieren, sofern sich entsprechende Rohrleitungen verlegen lassen. Eine versenkte Badewanne oder eine Duschkabine in der Ecke des Schlafzimmers ist nur eine Fortführung des Konzepts vom angrenzenden Badezimmer und knüpft direkt an die elementare Verbindung zwischen Reinigung und Entspannung an.

Wer keine andere Wahl hat, als alle Elemente in einem Raum unterzubringen, könnte das gesamte Badezimmer als Nasszelle einrichten. Das bedeutet natürlich, dass es rundum wasserdicht ausgekleidet sein muss, bei-

Links: Diese U-förmige Küche ist ein Beispiel für intelligente Planung. Es ist reichlich Arbeits- und Abstellfläche vorhanden, trotzdem bleibt das Arbeitsdreieck aus Kühlschrank, Spüle und Herd erhalten.

Links und unten: Die fehlende Stehhöhe unter der Dachschräge gab den Ausschlag für diese ungewöhnliche, aber sehr praktische Gestaltung. Badewanne und Waschbecken sind in der Mitte aufgestellt und werden mit den gleichen Rohren bedient. Eine mitten im Raum stehende Badewanne vermittelt ein Gefühl von Luxus, dem dieses Modell mit abgerundetem Rand und geschwungenen Füßen durchaus entspricht.

spielsweise mit Fliesen. Duschköpfe kann man in der Decke versenken, der Abfluss kann direkt in den Boden eingebaut werden.

In einem kleinen Bad kann der Unterschied zwischen Beengtheit und Bequemlichkeit in wenigen Zentimetern bestehen. Nicht nur die Sanitärobjekte müssen untergebracht werden, es muss auch ausreichend Bewegungsfreiheit bleiben. Schließlich will man sicher in die Wanne steigen können und nicht mit dem Ellbogen an die Wand stoßen, wenn man sich zum Haarewaschen über das Waschbecken beugt. Wo der Platz knapp ist, wächst die Versuchung, kleinere Sanitärobjekte zu wählen, um alle unterbringen zu können. Das zahlt sich meistens nicht aus. Letztlich ist eine Dusche besser als eine zu kleine Wanne, in der man nur kauern kann. An der Wand befestigte Wasch- und Toilettenbecken lassen mehr Bodenfläche frei als stehende Objekte. Beheizbare Handtuchständer machen den Heizkörper überflüssig, auf dem sich ohnehin oft nur Handtuchberge ansammeln.

Für die meisten von uns ist das Bad ein sehr privater Bereich. Aber selbst wenn Sie die Vorzüge des kommunikativen Badens schätzen, mag es Ihren Gästen vielleicht anders ergehen. Das bedeutet, dass Badezimmer im Gegensatz zu Küchen auf irgendeine Weise von der restlichen Wohnung abgetrennt sein sollten. Konventionelle Türen sind für enge Grundrisse oft ungünstig. Entweder sie öffnen sich nach innen und schlagen gegen Wanne oder Waschbecken oder sie öffnen sich in den Flur und bilden dort ein unerwünschtes Hindernis. Praktischer sind

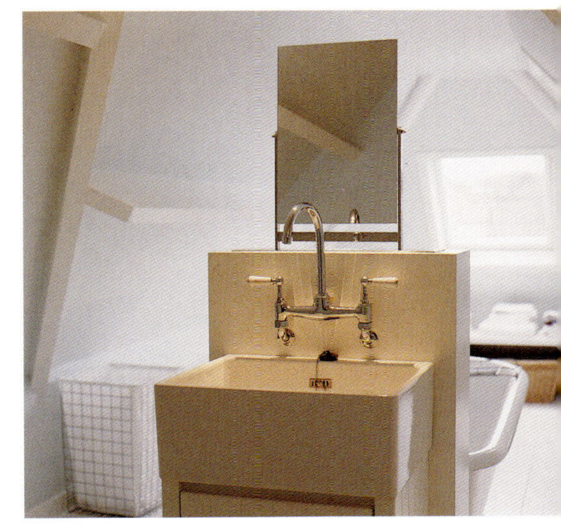

Schiebetüren, Paneele oder Wandschirme. Wer ein Bad von Grund auf neu plant, könnte auch über gerundete Trennwände nachdenken, die architektonisch sehr interessant wirken und das »Schachtelgefühl« kleiner Räume auflösen können. Gerundete Duschabtrennungen sind besonders praktisch.

Oben: Ein verglastes Paneel trennt das Schlafzimmer vom angrenzenden Bad. Auf Knopfdruck wird das transparente Glas milchig. So gewinnt das Bad an Privatsphäre, während das Bett einen atmosphärisch reizvollen Hintergrund erhält.

Gegenüber: Ein winziges Fenster in der Dusche rahmt die Kuppel der Londoner St.-Pauls-Kathedrale ein.

Links und oben: Die Sanitärinstallation ist besonders unkompliziert, wenn Küche und Bad an einem zentralen Versorgungsschacht liegen. Trennwände müssen nicht gerade sein. Hier bildet das Bad einen Kern, um den sich die Küche zieht.

Rechts: Der große Wohnraum ist nach Süden ausgerichtet, vom Essplatz am großen Fenster überblickt man die Terrasse. Im Zuge der Umbauarbeiten wurde die Tür auf der rechten Seite verbreitert, um Wohnbereich und Garten besser miteinander zu verbinden.

Wohnbeispiel

Souterrainwohnung in London

Diese kompakte Wohnung liegt im Tiefparterre einer großen, nach Süden ausgerichteten Villa im nördlichen London. Das Haus wurde ursprünglich um 1820 von Thomas Cubitt entworfen, der beträchtliche Teile der Londoner Regency-Viertel prägte, darunter Bereiche von Belgravia, Bloomsbury, Islington und Camden Town. Die Wohnung mit einer Grundfläche von etwa 50 Quadratmetern wurde neu gestaltet, um die vorhandenen Elemente optimal zu nutzen. Die Bausubstanz selbst wurde dabei nur geringfügig verändert.

Der größte Eingriff war die Verlegung der Küche vom jetzigen Schlafbereich an einen neuen Standort. Dadurch entstand an einem Ende des Wohnbereichs eine »Arbeitswand«. Das Bad wurde verkürzt und in eine Dusche verwandelt. Die gewonnene Fläche dient jetzt als Stauraum und Kleiderkammer. Durch diese Veränderungen wurden die Verkehrswege in der Wohnung erheblich vereinfacht und die kleineren Bereiche sind geschickter an den großen, rechteckigen Wohnbereich angeschlossen.

Wegen der geschützten Südwestlage der Wohnung und der dicken Mauern reicht – solange keine arktischen Temperaturen herrschen – der kleine Heizkörper im Bad aus, um die ganze Wohnung zu heizen. Die dicken Wände bieten sich auch zum Einbau von Bücherregalen an. Durch den einfachen Zugang zu den einzelnen Bereichen und zur Terrasse wirkt die helle Wohnung jetzt offen und entspannt: genau richtig für ein zeitgemäßes Leben.

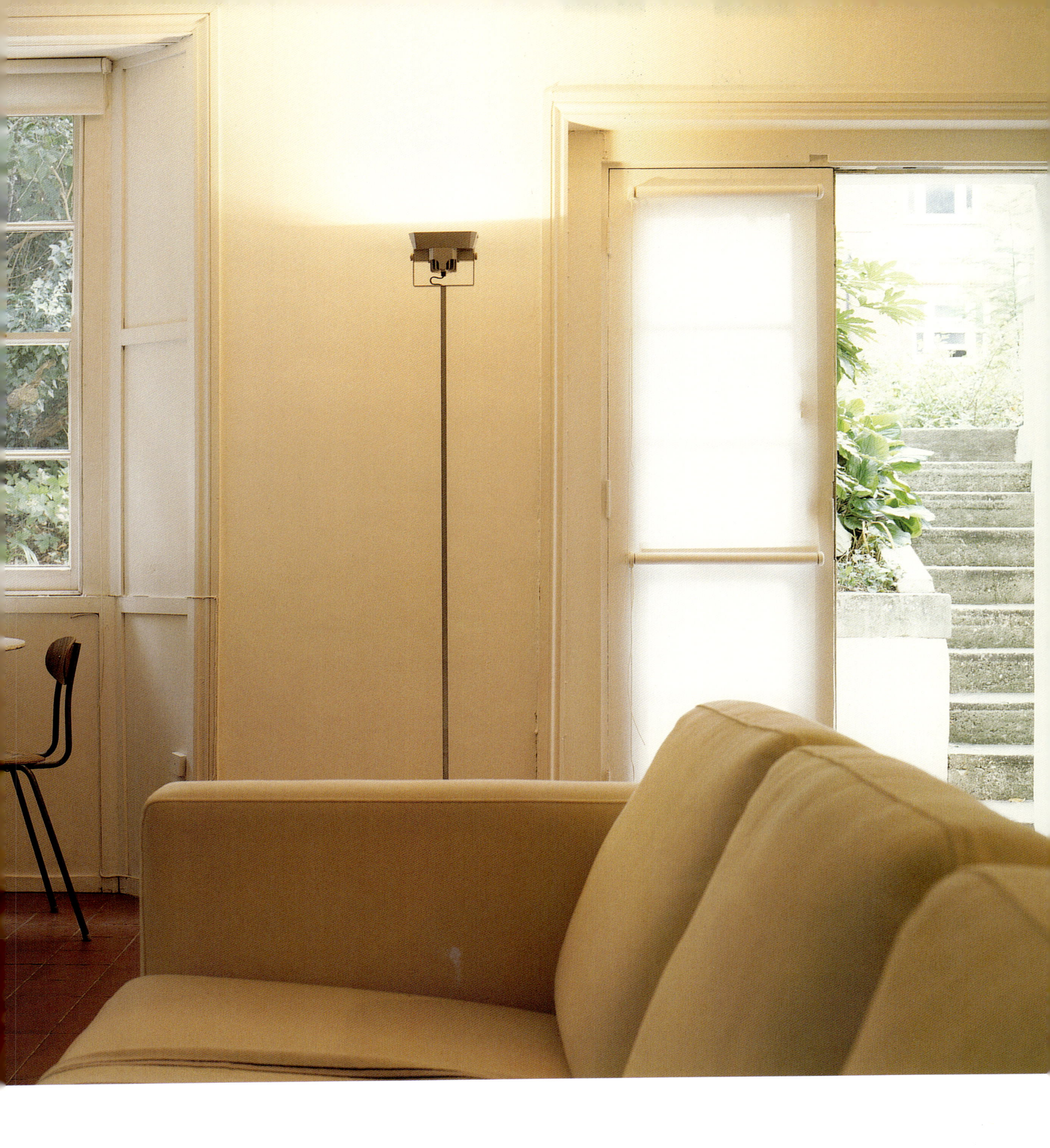

Ganz oben: Die Küche wurde bewusst dezent gestaltet, damit sie im Wohnbereich nicht störend auffällt. Hängeschränke und Regale fehlen ebenso wie ein gefliester Spritzschutz. Im Sockel der Schränke sind zusätzliche Schubfächer eingebaut worden.

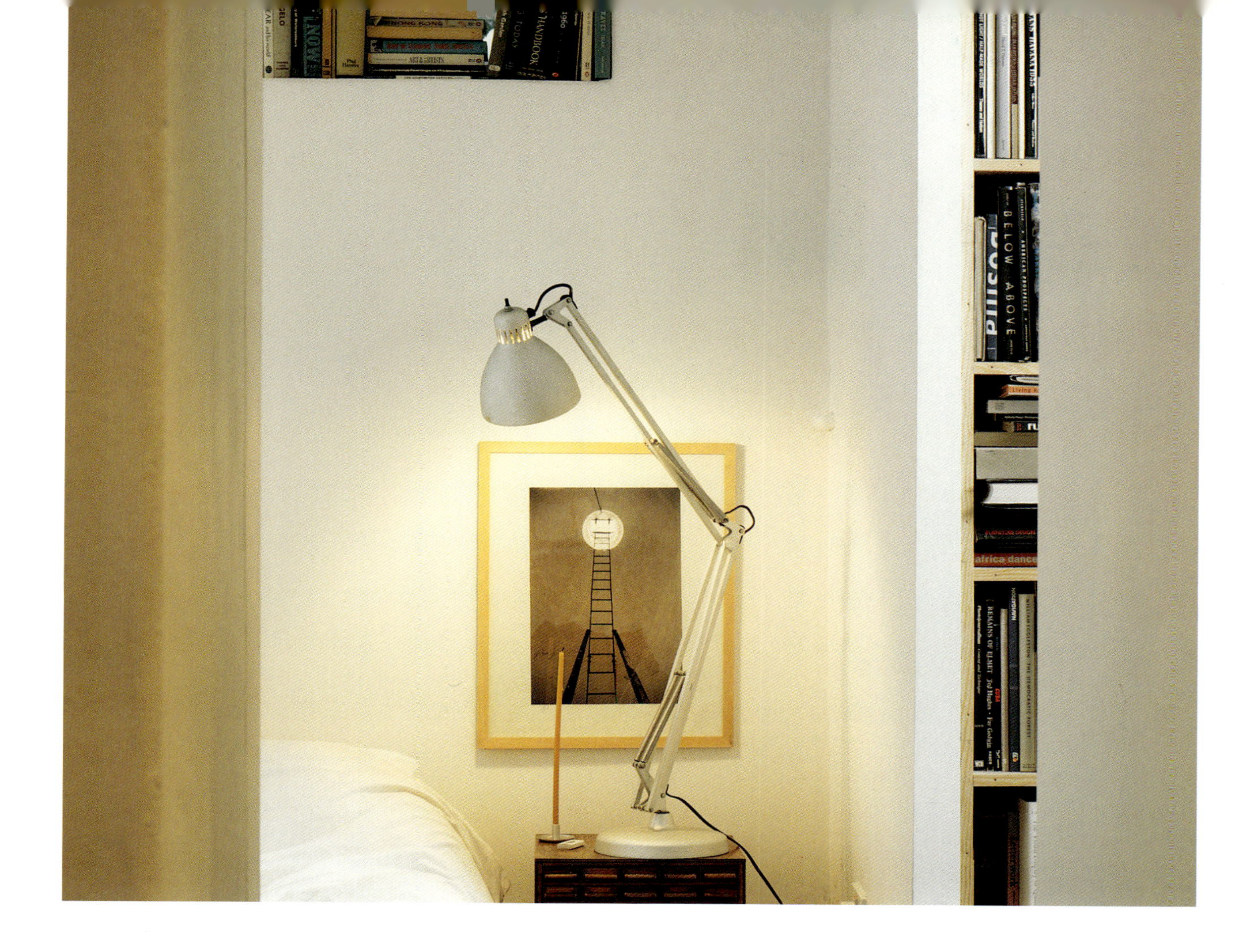

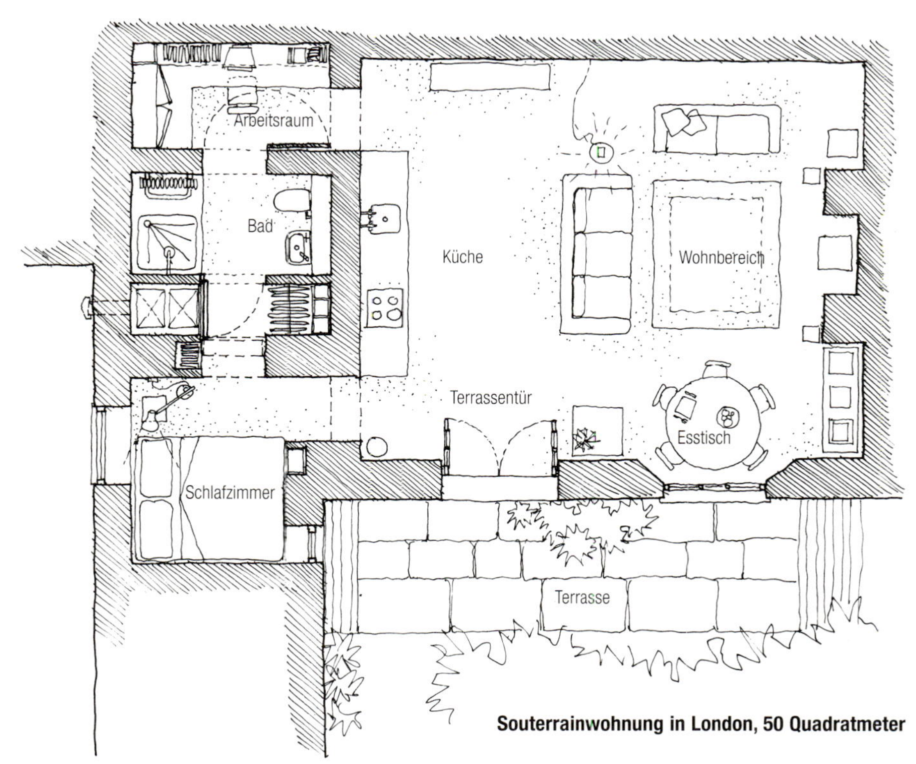

Souterrainwohnung in London, 50 Quadratmeter

Oben: Neben der Ecke des Schlafbereichs sieht man das Bücherregal im Durchgang. Das Bett liegt unter der breiten Treppe, die zum Haupteingang des Hauses im Hochparterre führt.

Gegenüber, unten rechts und links: Die Verkehrswege wurden so verändert, dass die Bereiche der Wohnung nicht mehr wie separate Schachteln wirken, sondern wie Teile eines Ganzen.

Rechts: In die Schlafecke fällt morgens und abends die Sonne – optimale Zeiten für diesen Bereich.

Links: Durch die Verkleinerung des Bades entstand eine Kleiderkammer.

Gegenüber: Auf der anderen Seite des Badezimmers ist ein Aufbewahrungs- und Arbeitsbereich entstanden. Weil die beiden Türen des Bades tagsüber normalerweise offen stehen, kann man zwischen verschiedenen Wegen durch die Wohnung wählen. So wird das Gefühl der Enge wirkungsvoll vermieden. Außerdem sind dadurch die kleineren Bereiche der Wohnung besser an den Hauptwohnraum angeschlossen.

PRINCIPLES OF PHYSICAL GEOLOGY
China's IMPERIAL WAY
DISCOS AND DEMOCRACY
REAL CHINA
MANUAL
CONCISE DICTIONARY Plus
Northern Spain

Wohnbeispiel

Dachwohnung in Paris

Eine geschickte Einteilung trennt die verschiedenen Bereiche in dieser winzigen Wohnung über den Dächern von Paris. Bei einer Gesamtfläche von nicht mehr als 27 Quadratmetern kommt es auf optimale Planung an. Über die gesamte Länge der Wohnung zieht sich ein schmaler Balkon, von dem man einen wundervollen Blick auf die Stadt und auf Sacré-Cœur hat. Der Raum wurde so gegliedert, dass das Licht optimal genutzt wird und man das herrliche Panorama von fast überall genießen kann.

Der Grundriss der Wohnung zeigt, wie geschickt der Platz ausgenutzt wurde. Die alten Trennwände und die abgehängte Decke wurden herausgenommen, sodass ein einziger Raum mit den interessanten Mansarden-Dachschrägen übrig blieb. In der Mitte liegt der Schlafbereich. Eine Wand aus gewachstem Zement in neutralem Farbton dient gleichzeitig als Kopfende und als Abgrenzung zum dahinter liegenden Bad und separaten WC. Am Fuß des Bettes steht ein halbhoher Raumteiler aus Sperrholz, in dem ein Fernseher eingebaut ist. Dieses Element grenzt das Bett gegen den Wohnbereich im vorderen Teil ab. Dort liegt auch eine kleine Küchenzeile, die hinter hölzernen Lamellentüren verschwindet, wenn sie nicht benutzt wird.

Um die leichte, luftige Atmosphäre der Wohnung zu unterstreichen, wurden durchgängig sanfte, neutrale Töne gewählt. Die Materialien allerdings bieten Kontraste: Zink und Beton, Stahl und Sperrholz. Ihr taktiler Charakter vermittelt eine dezente Lebhaftigkeit und gibt der Wohnung ihren besonderen Reiz.

Oben: Vom schmalen Balkon mit den vielen Pflanzen hat man einen wundervollen Blick über die Dächer von Paris.

Gegenüber: Der Raum wurde so gegliedert, dass alle Bereiche in den Genuss des Lichtes und der Aussicht kommen. Die Schrägen des Mansardendachs sind mit weiß lackiertem Nut-und Feder-Holz vertäfelt. Das Bad liegt hinter der Wand, die zugleich als Kopfende fungiert.

Oben: Durch die nüchternen Materialien wird das Raumgefühl intensiviert. Eingefärbter, gewachster Zement ist ein unkonventionelles, aber stilvolles Material für die Trennwand zwischen Bett und Bad. Der Vorsprung dient als Kopfende und Präsentationsfläche für dekorative Objekte.

Rechts: Im halbhohen Sperrholz-Raumteiler am Fußende sind praktische Nischen für Fernseher und Audiosystem eingebaut.

Rechts: Ein offener Durchgang neben der Trennwand führt in das Bad mit Waschbecken und Dusche. Das Edelstahlbecken ist in einen wasserfest versiegelten Zementblock eingelassen. Durch diese einheitlich gestalteten Oberflächen wirkt die ganze Einrichtung wie aus einem Guss.

Links: Der Boden der Dusche ist mit wasserfestem Hartholz ausgelegt und hat einen Abfluss in der Mitte: ein weiteres Platz sparendes, unkompliziertes Detail.

Unten rechts und links:
Hinter weiß lackierten Lamellentüren versteckt sich die in die Ecke des Wohnbereichs eingepasste Küchenzeile – voll ausgestattet mit Kochfeld, Ofen und Spüle. Darüber ist Platz für Regale mit Geschirr und Kochutensilien.

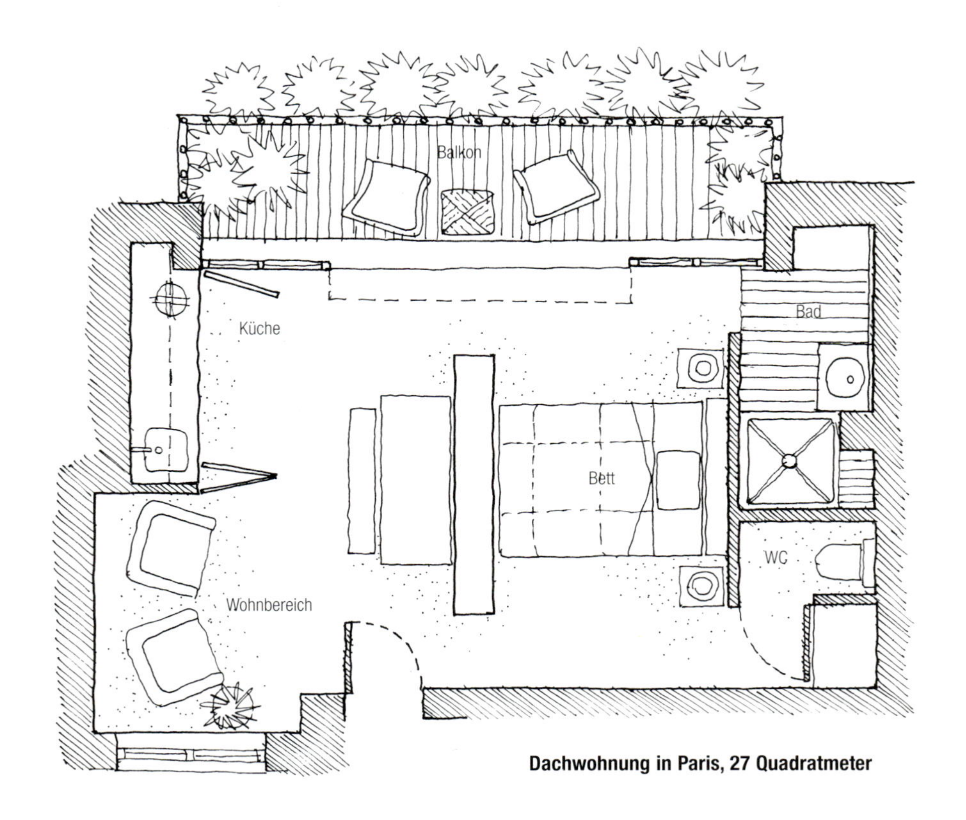

Dachwohnung in Paris, 27 Quadratmeter

Oben: Wo der Platz knapp ist, sind kreative Lösungen gefragt. Einen Fernseher kann man auch an der Wand befestigen.

Rechts: Auf dem winzigen Balkon aus verzinktem Eisen und rustikalem Teakholz ist gerade Platz für zwei Stühle und einige Töpfe und Kübel.

Licht & Luft

»Ein Haus ist nur bewohnbar,
wenn es voller Licht und Luft ist.«

Le Corbusier

Ein Haus ist nur bewohnbar, wenn es voller Licht und Luft ist«, schrieb Le Corbusier in *Kommende Baukunst* (1923). An einer anderen Stelle in diesem Buch beschreibt er das Haus als »Gefäß für Licht und Sonne« und wettert angewidert gegen die dunklen, trüben Interieurs des 19. Jahrhunderts, verhängt mit dicken Vorhängen und vollgestopft mit Staub fangenden Dekorationen und Möbeln.

Heute spielen Licht und Luft eine so bedeutende Rolle für unser Wohlbefinden, dass wir uns kaum vorstellen können, wie revolutionär Le Corbusiers Ideen zu seiner Zeit waren und welcher gewaltigen Opposition er begegnete. Das Viktorianische Zeitalter warf seinen Schatten bis auf die ersten Jahrzehnte des 20. Jahrhunderts. Die moderne Technik, die uns Zentralheizung, elektrische Beleuchtung und Haushaltsgeräte brachte, steckte noch in den Kinderschuhen. Im 19. und auch noch im frühen 20. Jahrhundert wurde das Licht geradezu wie ein Eindringling behandelt. Man machte sich Sorgen, dass allzuviel Sonnenlicht die Stoffe und Hölzer ausbleichen könnte. Außerdem waren in einer Zeit der Kaminfeuer und Gaslaternen dunkle Einrichtungen natürlich praktisch, weil man die Verfärbungen von Rauch und Ruß auf Wänden und Möbeln weniger sah.

Die viktorianische Einstellung zum Licht hat aber nicht nur einen praktischen Hintergrund. Offenheit und Transparenz galten auch als anstößig und wenig vornehm. Im 18. Jahrhundert stellten Ausbleichen und Verfärbung gleichermaßen ein Problem dar, doch hatte man lichterfüllten Räumen ausdrücklich den Vorzug gegeben. Man mag dies als greifbaren Ausdruck des Zeitalters der Aufklärung und Erleuchtung verstehen.

Oben: Weil Reihenhäuser nur an der Vorder- und Rückseite Fenster haben, sind innen liegende Flure und Treppen oft dunkel. Hier wurde ein gerundetes Oberlicht so in die gewölbte Decke eingesetzt, dass das Tageslicht auf die darunter liegende Treppe fällt. Versenkte Strahler neben dem Fenster geben am Abend eine stimmungsvolle Hintergrundbeleuchtung ab.

Oben: Eine exakt bemessene Öffnung in der Trennwand zwischen Küche und Essbereich lässt helles Tageslicht auf den Tisch fluten.

Gegenüber: Ein voll verglaster Windfang mit Holzrahmen bietet Platz für eine Treppe auf der Rückseite dieses Hauses. Das untere Geschoss profitiert erheblich vom einfallenden Tageslicht.

Le Corbusier war überzeugt, dass Licht und Luft gute hygienische Bedingungen begünstigten und darum für die menschliche Gesundheit wesentlich seien. In der modernen Architektur ist noch ein weiterer Aspekt hinzu gekommen: die Grenzen zwischen Haus und Außenwelt verwischen sich. Nähe zur Natur scheint ein menschliches Bedürfnis zu sein, und die Transparenz des Wohnens wird oft zum Symbol für die Ehrlichkeit und Offenheit der Bewohner. Die Weiterentwicklung der Glasherstellung machte die kompromisslose Verwirklichung solcher Ideale möglich, beispielsweise wie in Philip Johnsons Glashaus im amerikanischen New Canaan (1949), das transparente Außenwände hat.

Im Vokabular der modernen Architektur ist Licht der wichtigste Begriff. Ebenso eng ist es aber mit dem persönlichen Wohlbefinden verknüpft. Zwar haben die Menschen schon immer gewusst, dass Sonnenschein gute Laune macht, doch hat sich in der jüngeren Vergangenheit durch die verbesserten Möglichkeiten des Reisens diese Gedankenverbindung noch zementiert: Licht bedeutet Spaß, Freiheit und Glück.

Licht und sein Gefährte Schatten prägen Innenräume. Den zweiten unsichtbaren Faktor Luft spürt man eigentlich nur in Form von Luftbewegung, doch haucht die Luft Räumen erst Leben ein. Je kleiner ein Raum

ist, umso größer ist der Bedarf an Licht und Luft in allen möglichen Erscheinungsformen.

Tageslicht optimal ausnutzen

Wir Menschen wenden uns instinktiv dem Licht zu. Weil die Augen unser dominanter Sinn sind, hilft das Licht uns bei der Orientierung, beim Erkennen und Einschätzen unserer Umgebung. Außerdem wirkt sich Licht positiv auf unsere Stimmung aus. Dunkelheit dagegen ist wie eine schützende Decke, in die wir uns hüllen, wenn wir uns bedroht oder bedrückt fühlen.

Es ist aber nicht nur die bloße Anwesenheit von Licht, die gute Laune macht. Wo Licht ins Haus fällt, können wir auch nach draußen sehen. Dadurch wird uns bewusst, dass außerhalb der Grenzen der Wohnung noch mehr ist. Stellen Sie sich zwei kleine Hotelzimmer vor, deren Größe, Gestaltung und Ausstattung genau gleich sind. Durch das Fenster des einen sieht man das Meer, das andere blickt auf eine Ziegelmauer. In welchem könnten Sie es länger aushalten?

Oben und links: In vielen älteren Gebäuden ist Tageslicht vor allem in den Durchgangsbereichen recht knapp. Sehr effektvoll ist die Idee, in Treppenstufen Acrylglas einzusetzen, durch das Licht in diesem Fall in das darunter liegende Bad fällt.

Gegenüber: Zwei große Innenfenster bilden eine elegante, transparente Trennung zwischen dem Schlafbereich und der restlichen Wohnung. Wird abends mehr Privatsphäre gewünscht, zieht man einfach die Rollos herab.

Kleine Wohnungen haben in Bezug auf das Tageslicht häufig baulich bedingte Nachteile. Liegen die Räume im Souterrain oder in einem mehrstöckigen Wohnhaus, gibt es kaum Möglichkeiten, Licht aus mehreren Richtungen oder gar von oben zu erhalten. Selbst Umbauten gewerblicher Objekte können, wenn sie nicht gerade im Dachgeschoss liegen, solche Einschränkungen aufweisen. Dabei ist gerade in kleinen Räumen der Lichtbedarf sehr hoch. Gutes natürliches und künstliches Licht zählen zu den besten Möglichkeiten, um kleine Räume größer wirken zu lassen.

Zunächst einmal sollte man die Lichtverhältnisse in jedem Bereich der Wohnung genau unter die Lupe nehmen. Prüfen Sie, wie das Licht einfällt und wie es sich im Lauf des Tages verändert. Es reicht nicht, die Ausrichtung der Räume nach Himmelsrichtungen zu betrachten. Tageslicht ist weder gleichmäßig noch geht es von einer stehenden Lichtquelle aus. Und im Gegensatz zu elektrischem Licht kann man es auch nicht nach Bedarf ein- oder ausschalten. Tageslicht ist sehr lebendig, weil es sich ständig verändert. Gerade dieser Wechsel, der von Tageszeit, Wetter und Jahreszeit abhängt, macht es aber so faszinierend. Wenn man an einem sonnigen Tag unter einem Baum sitzt, kann man die subtilen Veränderungen des Lichts beobachten, das durch die Blätter fällt. Bei der Gestaltung von Räumen sollte man den ablaufenden Wechsel des Tageslichts möglichst geschickt nutzen.

Charles Rennie Mackintosh war ein Architekt, der die Veränderungen des Tageslichts und seine belebende Wirkung auf Räume voll ausschöpfte. In seinem schönsten Projekt, dem Hill House in Schottland, nimmt ein sonniger, nach Süden ausgerichteter Erker eine Wand des Wohnraumes ein. Von einem Sitzplatz im Fenster überblickt man den Garten. Für diesen Platz entwarf Mackintosh einen kleinen, quadratischen Tisch, dessen Unterbau ein komplexes Netzwerk aus miteinander verbundenen Quadraten ist. Wenn die Sonne nun während des Tages über den Himmel zieht, wirft dieser luftige Tischunterbau ein sich ständig veränderndes Schattenmuster, das einem lebendigen, abstrakten Gemälde gleicht.

Oben: Deckenhohe, gleitende Trennwände aus satiniertem Glas schirmen das luftige Bad bei Bedarf von dem schlichten, kompakt gestalteten Schlafzimmer ab.

Himmelsrichtungen

Eine einfache Möglichkeit, die Lichtverhältnisse zu verbessern, besteht darin, die Himmelsrichtungen bewusst zu nutzen. Das kann bedeuten, die Raumnutzung zu verändern, sodass die Räume, in denen man sich vorwiegend aufhält und auch Gäste empfängt, dort

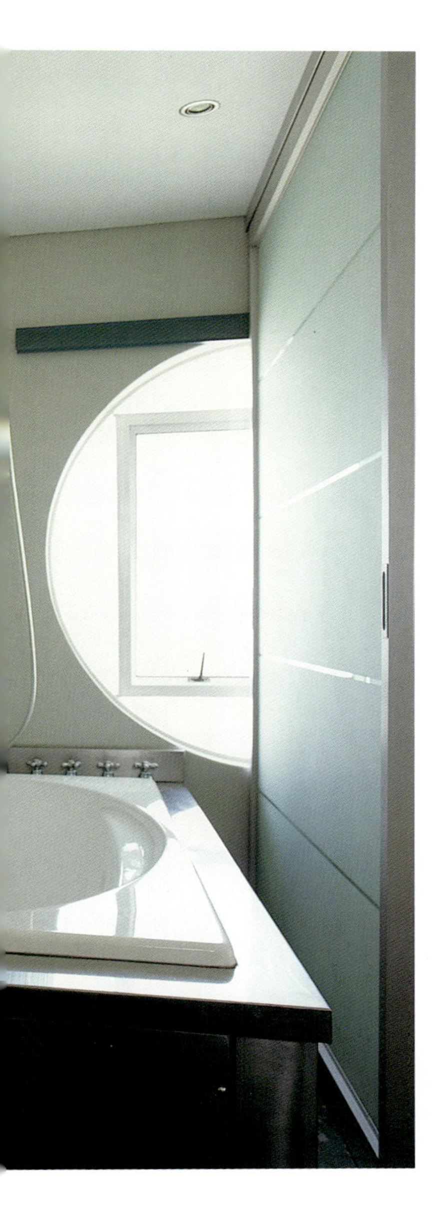

Oben: Die Glastrennwand halbiert ein kreisrundes Fenster. Es ist zwar generell nicht ratsam, Fenster zu unterteilen, doch diese Lösung ist unaufdringlich und darum sehr gelungen.

untergebracht werden, wo das Tageslicht am besten ist. Auf der nördlichen Halbkugel sind nach Süden und Westen gerichtete Räume wärmer als solche, die nach Osten oder Norden zeigen.

In konventionell aufgeteilten Häusern liegt das Wohnzimmer meist im Erdgeschoss, die Schlafräume in den oberen Etagen. In dicht bebauten Stadtgebieten ist die Lichtqualität in den oberen Stockwerken jedoch meistens wesentlich besser, weil das Erdgeschoss und oft auch das erste Stockwerk im Schatten

gen zu vergrößern oder neue zu schaffen. Wie schon auf Seite 43–46 erläutert, haben solche Eingriffe Auswirkungen auf die Statik und sind darum recht aufwändig. Andererseits können die Ergebnisse durchaus die Kosten und Mühen wert sein. Eine Standardlösung besteht darin, ein Fenster oder eine einfache Tür im Erdgeschoss zu vergrößern, um mehr Licht ins Haus zu lassen und einen Zugang zum Garten zu schaffen. Eine radikalere und modernere Variante der gleichen Grundidee besteht darin, eine ganze Wand durch einzelne Glaspaneele zu ersetzen, die sich schwenken, drehen oder verschieben lassen.

Eine gute Lösung ist der Einbau eines Fensters in eine Wand, in deren angrenzender Wand bereits ein Fenster vorhanden ist. Auf diese Weise fällt das Licht aus zwei Richtungen ein, was dem Raum optisch Weite gibt. Sie müssen sich keineswegs auf Standardformen und -größen beschränken. Lange, schmale Fenster können in einem sehr hohen Raum ein interessantes Gegengewicht setzen, runde Fenster sind ein besonderer Blickfang.

Oben: Durch ein rundes Oberlicht fällt auf die Arbeitsfläche helles Tageslicht, das zusätzlich von den Edelstahloberflächen und der transluzenten Glasschiebewand reflektiert wird.

Rechts: Begehbare Glasbausteine bilden das originelle Oberlicht für diese Dusche in einer Kellerwohnung.

der Nachbarhäuser liegen. Verlegt man Wohnbereich und Küche nach oben und richtet die Schlafräume, für die Sonnenlicht nicht ganz so wichtig ist, in den unteren Stockwerken ein, kann man die Wohnqualität der einzelnen Bereiche erheblich verbessern. Man sollte sich aber bewusst sein, dass es wesentlich schwieriger ist, vom Wohnbereich unter dem Dach eine direkte Verbindung zum Garten zu schaffen. Wo nur ein gepflasterter Hof oder gar kein Garten vorhanden ist, bedeutet das keinen Verzicht. Anderenfalls könnte man eine Außentreppe erwägen oder das Obergeschoss öffnen und eine Dachterrasse anlegen.

Öffnungen

In manchen Fällen besteht der einzige Weg zu mehr Lichtqualität darin, vorhandene Öffnun-

Tageslicht von oben, beispielsweise durch Oberlichter oder Glasdächer, ist eine großartige Lösung für kleine Räume. Man nimmt buchstäblich den Deckel ab und erzeugt die Illusion von räumlicher Weite. Durch Oberlichter schaut man in den Himmel – ein beruhigender Anblick. Außerdem machen sie stärker als alle anderen Fenstertypen die Veränderungen des Lichts im Tageslauf spürbar. Ideal sind solche Öffnungen über dem Bett oder der Badewanne, wo man von Natur aus liegt und die Aussicht besonders gut genießen kann. Über einer Treppe führt ein Dachfenster den Blick in die Weite und lässt zugleich Tageslicht auf den Verkehrsweg fallen. Eine aufwändigere Variante ist der Bau eines Innenhofes, in den nicht nur von oben Licht fällt, sondern auch durch die Fenster der ringsum angrenzenden Räume, sodass im Haus zahlreiche interessante Ausblicke entstehen.

Beim Einbau von Oberlichtern oder Glasdächern ist die Wahl des Materials ein wichtiger Gesichtspunkt. Durch Neuentwicklungen in der Glasherstellung sind heute bruchsichere, gehärtete Qualitäten erhältlich, die ebenso

Oben: Eine sehr reizvolle Kombination aus gläsernen Oberlichtern und einer Treppe aus Glas mit Metallgitter-Einlage. An einem sonnigen Tag fühlt man sich hier, als wäre man im Freien.

Oben links: Felder aus farbigem Glas werfen ein sanftes, diffuses Licht in diesen Flur.

Oben: Glasbausteine lassen viel Licht durch, schützen aber vor fremden Blicken. Reizvoll ist auch ihr Schattenspiel, das an bewegtes Wasser erinnert. Im Idealfall setzt man Glasbausteine großzügig für weite Öffnungen oder ganze Trennwände ein.

stabil wie eine Mauer sind. Wo Sicherheitsaspekte eine Rolle spielen, sollte man stets solches Glas verwenden. Es gibt auch Glas mit einer speziellen, isolierenden Beschichtung, das im Sommer eine Überhitzung der Räume verhindert und im Winter den Wärmeverlust reduziert. Solche Qualitäten eignen sich vor allem für Glasdächer und verglaste Anbauten. Doppelt und dreifach verglaste Fenster kann man in allen gewünschten Maßen bestellen, und es gibt auch Varianten, bei denen zwischen den Scheiben verstellbare Jalousien integriert sind. Wer viel Licht wünscht, aber zugleich vor fremden Einblicken geschützt sein möchte, sollte über Glasbausteine nachdenken. Am besten wirken sie, wenn sie selbstbewusst auf großen Flächen oder für ganze Wände eingesetzt werden. Für kleinere Flächen bieten sich satinierte oder strukturierte Gläser als Alternative an.

Auch bei einer Vergrößerung der bestehenden Fenster oder beim Hinzufügen von neuen kommen nicht unbedingt alle Bereiche der Wohnung in den Genuss des gewonnenen Tageslichts. Dann könnte man Innenwände öffnen und so »Innenfenster« schaffen, durch die das Licht von einem Bereich in den anderen fällt. Im Gegensatz zu Fenstern in der Außenwand müssen solche Innenfenster nicht verglast werden, und sie wirken sich auch nicht unbedingt auf die Statik aus. In nicht tragenden Trennwänden können Sie die Form beliebig wählen, beispielsweise quadratische Öffnungen, lange waagerechte oder senkrechte Schlitze oder originelle Bullaugen, durch die in angrenzende Räume belebende Lichtstreifen fallen. Ähnliche Ergebnisse erzielt man, indem man ganze Trennwände aus Glas gestaltet. Wer es nicht ganz so durchsichtig liebt, könnte sich beispielsweise für Glasbausteine, Plexiglas, Drahtglas, Reispapier, leichten Stoff oder andere lichtdurchlässige Materialien entscheiden.

Auf die gleiche Weise kann man auch Licht über verschiedene Etagen verteilen. Wenn Glas als Fußbodenmaterial verwendet wird und das Licht von einem Stockwerk ins andere flutet, entsteht auf sehr beeindruckende Weise ein Gefühl von Weite. Gläserne Treppen sind besonders attraktiv. Gläserne Galerien eignen sich für die waagerechte Einteilung eines Raums, bei der seine Luftigkeit erhalten bleibt. Kleine verglaste Flächen im Fußboden sind praktisch, um die darunter liegende Etage zu erhellen. Für Fußböden eignet sich nur dickes, gehärtetes Floatglas. Die Dicke und Qualität muss anhand der späteren Traglast berechnet werden, und um die Rutschgefahr zu verringern, sollten aufgeraute Streifen eingearbeitet sein. Preiswerter und für sensible Menschen etwas beruhigender ist ein Fußbodenmaterial aus Metallgittern.

Links: Ein großes Innenfenster sorgt dafür, dass man sich in dieser kompakten Küche nicht eingesperrt fühlt. Bei Bedarf kann man die Öffnung mit Schiebeläden schließen.

Oben: Gläserne Fußböden sehen spektakulär aus. Alle vier Kanten müssen gerahmt und gepuffert sein, außerdem sollte die Rutschgefahr durch Rillen verringert werden.

Links: Unregelmäßig geformte Ausschnitte in Innenwänden bieten faszinierende Einblicke, wenn man sich an ihnen vorbei bewegt.

Links: Spiegel vervielfältigen das Tageslicht und können die Grenzen von Räumen auflösen. Diese deckenhohen Spiegel-Falttüren sind eine praktische Lösung, um viel Stauraum zu verstecken, zugleich lassen sie den Raum größer erscheinen als er wirklich ist.

Spiegel

Mit Spiegeln lässt sich die Wirkung von Tageslicht und Kunstlicht ausgezeichnet vervielfältigen. Außerdem entstehen falsche Perspektiven, die eine Illusion von Geräumigkeit erzeugen. Etwas Vorsicht ist allerdings geboten, sonst fühlt man sich leicht an die gläsernen Irrgärten erinnert, die man von Jahrmärkten kennt.

In einem kleinen Raum kann eine verspiegelte Wand dem Gefühl der Beengung entgegen wirken. Beispielsweise haben viele Fahrstühle eine Spiegelwand, um Menschen mit Klaustrophobie die Fahrt in der kleinen Kabine zu erleichtern. Hängt man zwei Spiegel einander gegenüber auf, entsteht der Eindruck einer schier endlosen Blickflucht.

Besonders hilfreich sind Spiegel in kleinen Räumen, um Sonnenlicht in Bereiche zu reflektieren, die ansonsten dunkel wären. Hängt man einen Spiegel rechtwinklig zu einem Fenster auf, wirkt er beinahe wie ein zweites Fenster. Und fasst man in Sloanscher Manier ein Fenster mit schräg stehenden Spiegelsegmenten ein, wird wesentlich mehr Licht in den Raum geworfen und das Fenster wirkt größer als es in Wirklichkeit ist.

Sichtschutz

Die meisten Menschen mögen nicht ständig auf dem Präsentierteller leben. Das bedeutet, dass Fenster und andere Öffnungen von Zeit zu Zeit gegen Einblicke geschlossen werden müssen. Aufwändige Vorhänge oder andere Fensterdekorationen mit Schabracken, Querbehängen und anderen Details wirken in kleinen Räumen zu beherrschend. Besser ist es, geradlinige Lösungen wie Jalousien, Rollos, schlichte Stoffbahnen oder Gardinen aus hellem, durchscheinendem Material zu wählen.

Rechts: Auch offene Treppen, deren Stufen lediglich an den Wänden befestigt sind, lassen Licht von einem Bereich in den anderen fluten.

Unten: Ein sonniger Treppenabsatz unter den Dachschrägenfenstern gibt einen ruhigen Leseplatz ab.

Lamellen-Jalousien aus Metall oder Holz lassen sich je nach gewünschtem Lichteinfall verstellen. Halb geöffnet verhindern sie Einblicke und malen ein reizvolles Streifenmuster aus Licht und Schatten auf Boden und Möbel. Schlicht weiße Springrollos aus Stoff sind besonders unauffällig. Reicht eine Stoffbahn oder ein Rollo von der Decke bis zum Boden, wirkt ein Fenster größer als es tatsächlich ist. Man kann Rollos auch kopfüber anbringen, sodass sie nach oben statt nach unten gezogen werden. Auf diese Weise besteht die Möglichkeit, nur den unteren Bereich des Fensters abzudecken. Auch durchscheinende Innenfensterläden aus Acryl eignen sich zum Schutz der Privatsphäre, ohne zu viel Tageslicht auszusperren.

Lüftung

Es ist kein Zufall, wenn Menschen ihre Wahrnehmung besonders beengter Räume mit den Worten »Es war so eng, ich konnte kaum atmen« beschreiben. Licht, Luft und Raum sind so fest miteinander verknüpft, dass man das eine kaum ohne das andere wahrnehmen kann.

Frische Luft ist nicht nur wichtig für die Gesundheit, sie trägt auch zum persönlichen Wohlbefinden bei. Viele moderne Büroräume mit ihren versiegelten Fenstern und Klimaanlagen sind letztlich tote Räume, denn das Wesentliche an frischer Luft ist ihre Bewegung. Bewegte Luft erzeugt ein Gefühl von Lebendigkeit und Wachheit, außerdem beeinflusst sie unsere Temperaturwahrnehmung. Die meisten Menschen können höhere Temperaturen besser aushalten, wenn die Luft in Bewegung ist. Andererseits ist es auch der eisige Wind, der kalte Tage so unangenehm machen kann.

Wenn Sie in einer kleinen Wohnung leben, ist es wichtig, dass sich alle Fenster voll öffnen lassen, um eine gute Luftzirkulation zu ermöglichen. Diese natürliche Luftbewegung im Raum wird noch verstärkt, wenn man die Heizkörper unter den Fenstern installiert. In Küche und Bad, wo sich feuchte Luft und Gerüche länger halten, kann eine zusätzliche Belüftung in Form eines Absaugsystems sinnvoll sein. Auch Kamine – offene und solche, die mit Lochplatten verschlossen sind – fördern die Luftbewegung. Wäschetrockner und andere Geräte, die Wärme abgeben, sollten in gut belüfteten Räumen stehen und brauchen eventuell einen speziellen Abzug.

Beleuchtungsideen für kleine Räume

Die Beleuchtung einer Wohnung hat erhebliche Auswirkungen auf ihre praktischen Funktionen und auf das Lebensgefühl, das sie vermittelt. Und doch werden gerade in Bezug auf die Beleuchtung häufig Fehler gemacht. Manche Menschen legen viel Wert auf das Aussehen von Lampen, machen sich aber kaum Gedanken über Position und Lichteffekte. Ein zweiter Faktor ist die vermeintlich schwierige Installation, die viele Menschen vom Experimentieren abhält. Und schließlich wird häufig versucht, Kunstlicht als Ersatz für Tageslicht einzusetzen. Das Ergebnis sind überbeleuchtete Räume, die wie von einer Zimmersonne von einer einzelnen, grellen, zentral montierten Lampe erhellt werden.

In jeder Umgebung kann die Beleuchtung über Wohlbefinden und Unbehagen entscheiden, ganz besonders aber in kleinen Räumen. Und weil kleine Räume häufig auch mehreren Funktionen dienen, übernimmt die Beleuchtung eine zusätzliche Aufgabe, indem sie verschiedene Bereiche abgrenzt.

Alltagsroutinen müssen reibungslos ablaufen können, ohne dass Stimmung und

Links: Durch ein geschickt platziertes Oberlicht wird die Küche in helles Tageslicht getaucht. Einen ähnlichen Effekt könnte man durch nach oben gerichtete Strahler erzeugen, die in einer Vertiefung in der Decke installiert sind.

Unten und gegenüber: Das von Philippe Starck gestaltete St. Martin's Lane Hotel in London zeigt, dass Licht und Farbe starke Verbündete sind. Auf Knopfdruck können die Gäste die Farbe der Beleuchtung und damit die Stimmung ihres Zimmers verändern.

Gegenüber: Im Boden oder in den Fußleisten eingelassene Strahler beleuchten Flure und Treppen auf originelle und sehr praktische Weise.

Atmosphäre eines Raums darunter leiden. Ist ein kleiner Raum schlecht beleuchtet, kann man sich darin wie in einer Zelle fühlen. Ist er dagegen gut ausgeleuchtet, merkt man vielleicht gar nicht, wie klein er ist.

Grundprinzipien

Bestimmte Grundprinzipien geschickter Beleuchtung gelten für Wohnungen aller Art. Vor allem in kleinen Räumen aber schaffen sie ein Gefühl der Geräumigkeit und sorgen gleichzeitig für optische Abwechslung. Es geht vor allem darum, eine langweilige, eintönige Beleuchtung zu vermeiden, die alle Elemente des Raums auf einen Blick erkennen lässt und damit jede Atmosphäre abtötet. Nichts ist deprimierender als eine einzelne Lampe, die von der Mitte der Decke herabhängt.

- Erhöhen Sie die Zahl der Lichtquellen. Die meisten Wohnungen sind überbeleuchtet, haben aber zu wenige Lichtquellen. Setzt man mehrere Lampen ein, muss der einzelne Beleuchtungskörper nicht so hell sein, um eine ausreichende Lichtstärke im Raum zu erhalten.
- Vermeiden Sie Lampen mitten an der Zimmerdecke. Licht von oben lässt die Wände optisch näher rücken, sodass Räume kleiner wirken. Außerdem taucht eine Deckenlampe alle Bereiche des Raums gleichmäßig in Licht, was zugleich langweilig und deprimierend wirkt. Andererseits kann eine Lampe, die tief über einem Esstisch hängt, sehr angenehm sein.
- Räume wirken größer, wenn Wandflächen und Decken das Licht reflektieren. Deckenfluter oder Wandlampen, die den oberen Bereich einer Wand bestrahlen, machen den Raum optisch höher. Und flutet das Licht vom Boden oder von der Seite über eine ganze Wand, scheint der Raum insgesamt geräumiger.
- Lichtquellen sollten immer abgeschirmt sein. Ist der Kontrast aus Helligkeit und Dunkelheit zu groß, entsteht ein Blendeffekt, der Unbehagen verursacht und die Augen anstrengt.
- Gestalten Sie Inseln aus Licht und Schatten, um das Auge durch einen Raum zu lenken und bestimmte Bereiche ins Zentrum des Interesses zu rücken. Verschiedene, in unterschiedlichen Höhen angebrachte Lichtquellen machen aus einem einzigen Raum eine Reihe miteinander verknüpfter und doch separater Bereiche, die abwechslungsreich wirken.
- Lassen Sie das Licht auf Oberflächen spielen. Von der Seite angestrahlt kommen Formen und Texturen besser zur Geltung. Vor allem zurückhaltend gestaltete Interieurs wirken dadurch lebendiger.
- Vergleichen Sie das Licht verschiedener Glühlampen. Einfache Wolfram-Glühlampen werfen ein warmes, gelbliches Licht, das gemütlich und heimelig wirkt. Halogenlampen haben ein weißeres, helleres Licht, das gut mit modernen, minimalistischen Wohnungen harmoniert. Leuchtstoffröhren sollten Sie möglichst vermeiden oder so hinter einer Blende verstecken, dass das Licht weniger grell und hart wirkt.
- Zaubern Sie mit Licht Raumillusionen. Flache Nischen oder Deckenausschnitte können mit versteckten Strahlern viel größer wirken. Und setzt sich die Beleuchtung außerhalb des Hauses fort, wird der Blick von drinnen nach draußen gelenkt.
- Sorgen Sie für Flexibilität. Dafür sind vor allem reichlich Steckdosen erforderlich, damit keine Stolperfallen durch Verlängerungskabel entstehen oder Steckdosen überfüllt werden. Dimmer sind günstig, um das Licht je nach Bedarf und gewünschter Stimmung zu variieren.

Beleuchtungs-Typen

Je nach seiner Funktion kann man Kunstlicht in verschiedene Typen unterteilen. Für die meisten Bereiche einer Wohnung ist eine Kombination mehrerer Typen sinnvoll.

- Hintergrundlicht schafft bei Dunkelheit einen gewissen Grad an Grundbeleuchtung. Hierfür eignen sich Tisch- oder Stehlampen, Deckenfluter, Strahler und Hängelampen.

- Arbeitslicht taucht Arbeitsbereiche in helles, gerichtetes Licht. Das klassische Modell ist der Strahler am verstell- und schwenkbaren Arm. Für feste Arbeitsplätze eignen sich auch Decken- oder Wandstrahler.
- Akzentlicht dient zum Hervorheben einzelner Elemente oder Dekorationen. Die beliebteste Form ist der gerichtete Strahler.
- Dekorationslicht ist letztlich Selbstzweck und umfasst alles, was Licht, Wärme, Witz oder Atmosphäre schafft, beispielsweise Kerzen, Kaminfeuer, Lichterketten oder Leuchtobjekte.

Wohnbereiche

Durch Deckenfluter oder Strahler, die auf Wände oder Decke gerichtet sind, lässt sich das Raumgefühl beeinflussen. Tisch- und Stehlampen in Sitzbereichen schaffen warme, intime Lichtinseln. Wenn die Sitzgelegenheiten sehr niedrig sind, kann man durch Lampen in verschiedenen Höhen die Betonung der Waagerechten auflösen. Sammlungen, Bilder und andere interessante Elemente lassen sich mit kleinen Strahlern gut betonen. Grundsätzlich ist es günstiger, fest installierte Beleuchtungskörper in Wohnbereichen zu vermeiden, es sei denn, Sie sind sicher, dass Sie die Möbel nie verrücken oder die Einrichtung anderweitig verändern wollen.

Küchen

Für die Arbeitsflächen und die anderen Fixpunkte der Kücheneinrichtung ist gutes Arbeitslicht erforderlich. Die günstigste Lösung sind dafür meist fest installierte Lampen wie Strahler, Lichtleisten oder versenkte Beleuchtungskörper. Abwärts gerichtete Lampen sollten immer so montiert sein, dass sie direkt auf die Arbeitsflächen leuchten, anderenfalls arbeiten Sie in Ihrem eigenen Schatten. Den gleichen Zweck erfüllen mehrere kleine Hängelampen, die über einem Tresen angebracht sind. Schmale Lampenschirme bündeln das Licht wirkungsvoll. Wenn die Küche Teil eines größeren Wohnbereiches ist, sollte sich das Licht mit einem Dimmer regeln lassen, damit dieser Arbeitsbereich nicht zu dominant wirkt, wenn er nicht in Gebrauch ist.

Essbereiche

Das Licht einer Hängelampe wird von der Tischplatte reflektiert. Es bildet eine behagliche Insel, die die Menschen am Tisch umschließt. Wenn die Tischplatte oder Tischdecke hell ist, wird das Licht nach oben reflektiert. Vivien Leigh sagte mir einmal, das sei das beste Licht zum Essen. Für einen langen Tisch sind mehrere kleine Hängelampen meist günstiger. Besonders wichtig ist die Position der Lampen. Hängen sie zu hoch, blenden sie die sitzenden Menschen. Hängen sie jedoch zu niedrig, können sie den Blick über den Tisch versperren.

Oben und links: Feste Lampen wie versenkte Strahler bieten sich für Küchen, Bäder und andere Bereiche mit fester Aufteilung an. Zur Beleuchtung von Arbeitsflächen sind auch Lichtleisten unter den Hängeschränken praktisch.

Gegenüber: Eines der Grundprinzipien geschickter Beleuchtung ist die Schaffung verschiedener Lichtinseln, die das Auge durch den Raum führen. Ungünstig ist ein gleichmäßig helles Licht vor allem, wenn es von einer mittigen Deckenlampe ausgeht.

Rechts: Schlafräume brauchen flexible Beleuchtung. Außer Leselampen am Bett ist eine sanfte Hintergrundbeleuchtung nötig, für die hier blendfrei versenkte Strahler sorgen.

Für ein sanftes Hintergrundlicht können Tischlampen auf umgebenden Stellflächen, Stehlampen oder nahe an der Wand montierte Deckenfluter sorgen.

Schlafbereich

Rechts und links des Bettes sind Tischlampen, verstellbare Wandlampen oder andere kleine Leselampen sinnvoll. Besonders ungünstig ist auch hier eine Lampe in der Mitte der Zimmerdecke, die vor allem im Liegen unangenehm blenden kann. Die Lampen sollten sowohl von der Tür als auch vom Bett aus zu schalten sein, damit man nicht durchs Dunkel tappen muss, um an den Schalter zu gelangen. Wenn beispielsweise in einem Hochbett oder auf einer Galerie die Kopfhöhe gering ist, wirken auf dem Boden installierte Deckenfluter dem Gefühl der Enge entgegen.

Links: Die indirekte Beleuchtung auf dem langen Einbauschrank an der Wand verbreitet im ganzen Raum ein warmes Hintergrundlicht. Die Tischlampe mit Schirm ist praktisch zum Lesen, aber auch dekorativ. Bequem und sicher ist es, wenn sich die Lampen sowohl vom Bett als auch vom Zimmereingang aus schalten lassen.

Rechts und rechts außen: Versenkte Deckenstrahler sind ideal für Badezimmer, sie müssen jedoch wasserdicht sein. Wasser und Elektrizität sind eine gefährliche Kombination, wählen Sie darum grundsätzlich Lampen, die für Feuchträume zugelassen sind.

Unten rechts: Robuste, im Fußboden versenkte Halogenstrahler, deren Licht durch die Glasscheiben gestreut wird, bieten ein ebenso praktisches wie atmosphärisches Licht im Bad.

Badezimmer

Wie Küchen haben auch Bäder meist einen vorgegebenen Grundriss, darum sind feste Deckenlampen, beispielsweise versenkte Strahler, oft eine gute Lösung für die Hintergrundbeleuchtung. Spiegel sollten nicht von oben, sondern von beiden Seiten beleuchtet sein, damit das Gesicht gleichmäßig angestrahlt wird und keine tiefen Schatten entstehen. Im Bad müssen alle Kabel unter Putz verlegt und die Beleuchtungskörper wasserdicht sein. Das ist besonders in kleinen Bädern und Nasszellen wichtig, wo das Risiko größer ist, dass elektrische Geräte und Wasser in Berührung kommen.

Rechts: Flure und Treppen müssen aus Sicherheitsgründen gut ausgeleuchtet sein. Andererseits können grelle, blendende Lichtquellen ebenso risikoreich sein wie zu wenig Licht. Die Ideallösung ist eine sanfte, gleichmäßige Hintergrundbeleuchtung, für die sich Deckenfluter, Wandleuchten oder im Fußboden versenkte Lampen eignen. Auch versenkte Deckenstrahler bieten sich für solche Räume an.

Arbeitsbereich

An Computerarbeitsplätzen sorgen Deckenfluter für blendfreies Licht, das auch keine Reflexe auf dem Bildschirm erzeugt. Für andere Tätigkeiten – vom Zeichnen über das Lesen bis zum Nähen – eignen sich verstellbare Lampen am besten, die sich genau auf die jeweilige Arbeit richten lassen. Für Werkbänke und ähnliche feste Arbeitstische sind Leuchtstoffröhren günstig, die jedoch hinter einer Blendschutzleiste installiert werden sollten.

Verkehrsbereiche

Für Flure, Treppen und Treppenabsätze ist eine gute Raumbeleuchtung nötig, damit man sich sicher fortbewegen kann. Inseln aus Licht und Schatten, die in anderen Räumen stimmungsvoll wirken, sind hier fehl am Platz und können zu Stolperfallen werden. Weil aber auch solche Bereiche Atmosphäre haben sollen, darf das Licht nicht zu grell sein. Man könnte rundum leuchtende Hängelampen an strategisch günstigen Punkten anbringen, Strahler an der Decke sind eine andere Standardlösung. Nahe der Wand montierte Deckenfluter lassen enge Bereiche geräumiger erscheinen, und in der Wand versenkte Strahler auf Fußleistenhöhe sind in Fluren und Treppenhäusern ebenso praktisch wie attraktiv.

Oben: Für Stauräume sind fest installierte Lampen wie versenkte Deckenstrahler sinnvoll. So muss man nicht im Halbdunkel nach dem gewünschten Stück suchen.

Rechts: Das so genannte »Informationslicht« – beispielsweise im Kühlschrank oder über der Haustürklingel – ist normalerweise rein zweckmäßig. Dieser Außenflur jedoch beweist, dass sich auch mit einfachen Mitteln sehr dekorative Effekte erzielen lassen. Die Lampen sind hinter einer Blende versteckt, beleuchten den Weg ausreichend und betonen zugleich die grobe Textur der Ziegelsteine auf wirkungsvolle Weise.

Gedgenüber: Der Blick aus dem Garten fällt durch die Küche und durch das neue Innenfenster bis in den Wohnbereich. Die Küchenzeile ist an einer Wand untergebracht, die Reihe der Unterschränke setzt sich im Garten fort. Außerhalb des Gebäudes musste ein Stahlrahmen aus Pfosten und Trägern errichtet werden, damit man die große Glastür ganz öffnen kann.

Wohnbeispiel

Reihenhaus-Umbau in London

Neue Durch- und Ausblicke können die Raumwahrnehmung erheblich verändern, auch wenn effektiv keine zusätzliche Fläche gewonnen wird. Bei dieser Umgestaltung eines bestehenden Anbaus wurde das gesamte Erdgeschoss des kleinen Reihenhauses geöffnet, sodass die Übergänge vom großen Wohnbereich im vorderen Teil bis zum Garten auf der Rückseite kaum zu spüren sind. Die schwarze Granit-Arbeitsfläche, die sich von der Küche bis hinaus in den Garten erstreckt, unterstreicht die Klarheit der Gestaltung.

Die Trennwände im Erdgeschoss wurden komplett entfernt, dann wurden für die neue Küche zwei ehemalige Räume zusammengefasst. Um aus dem neuen, offenen Wohnzimmer den Blick in den Garten genießen zu können, wurde in die neue Wand zur Küche ein Innenfenster eingebaut. Am Ende der Küche trifft eine Glasschiebetür auf ein ungerahmtes Glaspaneel und führt so das Thema der Transparenz fort. Schiebt man die Tür beiseite, lässt sich die gesamte Rückfront des Hauses zum Garten hin öffnen.

Die Wahl der Materialien trägt zur optimalen Ausnutzung des Lichtes bei. Weiß gestrichene Wände und helle Bodenbeläge im Inneren schaffen einen sauberen, modern wirkenden Hintergrund, während die schwarze Arbeitsfläche einen interessanten Kontrast bildet, der fast grafisch wirkt. Sonst gibt es nichts, was das Auge ablenkt. Allerlei Kleinigkeiten, die einen Raum schnell unruhig wirken lassen, sind auf das hohe Regal und in die zahlreichen Unterschränke unter der Arbeitsplatte verbannt.

Gegenüber: Im hinteren Bereich lässt ein seitliches Fenster zusätzliches Licht aus einer weiteren Richtung in die Küche fluten. Die breite Fensterbank aus MDF-Platte wurde passend zur Granit-Arbeitsplatte schwarz gestrichen. Die weißen Wände und die hellen Bodenfliesen aus portugiesischem Kalkstein reflektieren das Licht und unterstreichen die helle Wirkung der Räume.

Links: Die zarten Blätter des Bambus vor dem Fenster malen lebendige Schattenmuster auf die hellen Wände im Inneren.

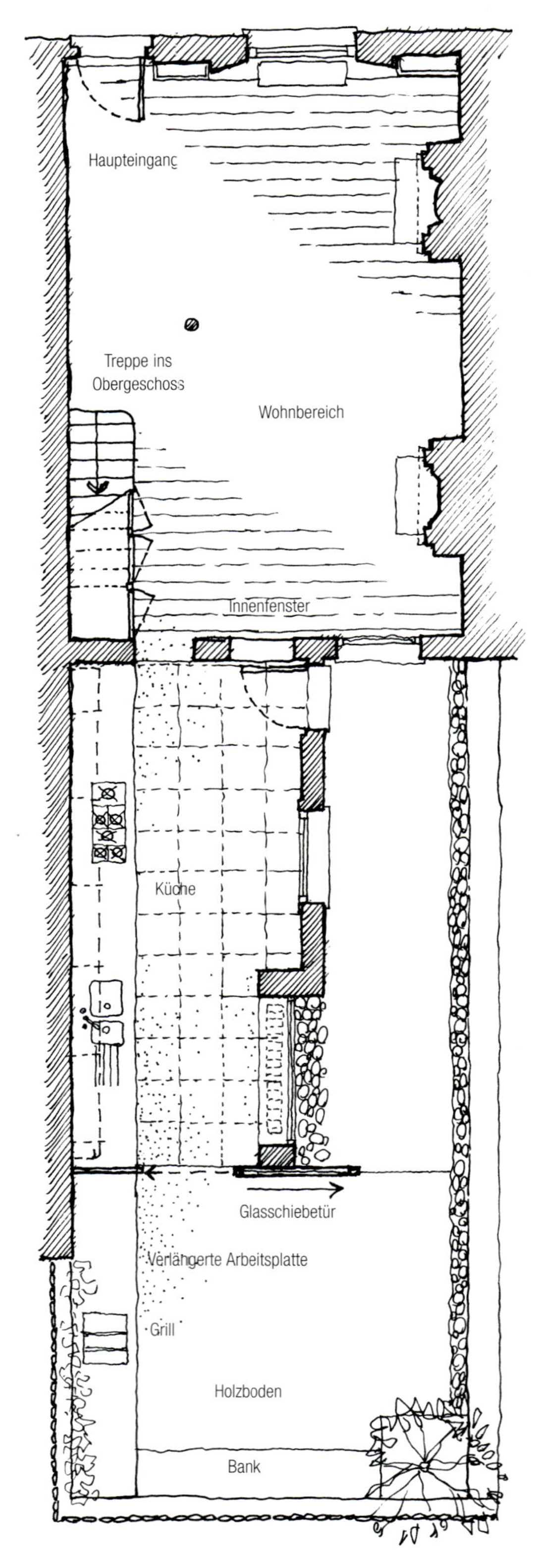

Reihenhaus-Umbau in London, 41 Quadratmeter

Rechts: Die rahmenlose Glasscheibe sorgt für eine minimale Trennung zwischen Küche und Garten, der Blick kann ungehindert der Flucht der Arbeitsfläche von drinnen nach draußen folgen. Die Scheibe besteht aus 12 mm starkem Hart-Glas. Eine Nut in der Schiebetür schließt sich exakt um diese Glaskante.

Im äußeren Teil der Arbeitsplatte ist ein Grill eingelassen, die Unterschränke bieten Platz für Mülltonnen und Gasflaschen. Die Schränke im Freien bestehen aus speziellen, für den Außenbereich geeigneten MDF-Platten, die mit wetterfester, weißer Farbe lackiert sind.

Links: Durch das Innenfenster zwischen Wohnbereich und Küche kann das Licht von vorn bis hinten fluten.

Oben: Die nahtlose Wirkung dieser Gestaltung beruht darauf, dass auffällige Details weitgehend fehlen. Die Schranktüren haben nicht einmal Griffe, sondern diskret eingearbeitete Griffmulden in den oberen Ecken. Durch den Ausschnitt in einer Tür erkennt man die Glasfront eines Barkühlschranks, in dem Getränke gekühlt werden. Das Regal über der Arbeitsfläche besteht aus satiniertem Drahtglas. Für den schlichten Bodenbelag im Freien wurde wetterfest versiegeltes Weichholz verwendet.

Rechts: Einer der beiden Raumteiler, die über der Kante des Podestes schweben und zugleich als Stauraum dienen. Diese Trennwand schirmt den Schlafbereich sowie ein kombiniertes Arbeits- und Gästezimmer ab. Zum Wohnbereich hin ist er mit Metallplatten verkleidet und reflektiert das Licht, das durch die Fenster an der Stirnwand einfällt.

Wohnbeispiel

Loft in London

Dieses Appartement im Loft-Stil hat eine Gesamtgröße von etwa 90 Quadratmetern und liegt in einer ehemaligen Druckerei in Betonrahmenbauweise, die zu Wohnzwecken umgebaut wurde. Der Grundriss ist länglich, Fenster sind nur an einer Seite vorhanden. Aus diesem Grund ging es bei der Einrichtung vor allem darum, das Tageslicht optimal zu nutzen. Die Proportionen und der Charakter des ursprünglichen Industriegebäudes sollten weitgehend erhalten bleiben, dennoch war eine klare Abgrenzung der verschiedenen Wohnbereiche gewünscht.

Die Lösung bestand darin, auf einer Seite über die volle Breite der Wohnung ein Podest zu errichten und Schlaf- und Arbeitsbereich mit zwei skulpturhaften Trennwänden abzutrennen. Diese Trennwände sind über der Kante des Podestes befestigt und scheinen frei im Raum zu schweben. Dadurch bleibt der Gesamtraum als Einheit weiterhin erkennbar. Versenkte, nach oben und unten gerichtete Strahler innerhalb der Trennwände verstärken diese Wirkung. Für die Gestaltung und Einrichtung wurden vorwiegend Naturmaterialien wie Holz, Ziegel, Naturstein und Metall verwendet. Viel Weiß reflektiert das künstliche und natürliche Licht und hellt so das Ambiente auf. Glastische stören den freien Blick kaum, zudem wirken auch sie reflektierend.

In gelungenen offenen Wohnungen ist reichlich Stauraum erforderlich. In den Trennwänden und im Podest lässt sich vieles unterbringen, ebenso in dem eingebauten Fenstersitz und der Einbauwand im Eingangsbereich. Das Ergebnis ist eine praktische, flexible Wohnung mit reichlich Licht und interessanten Blickachsen.

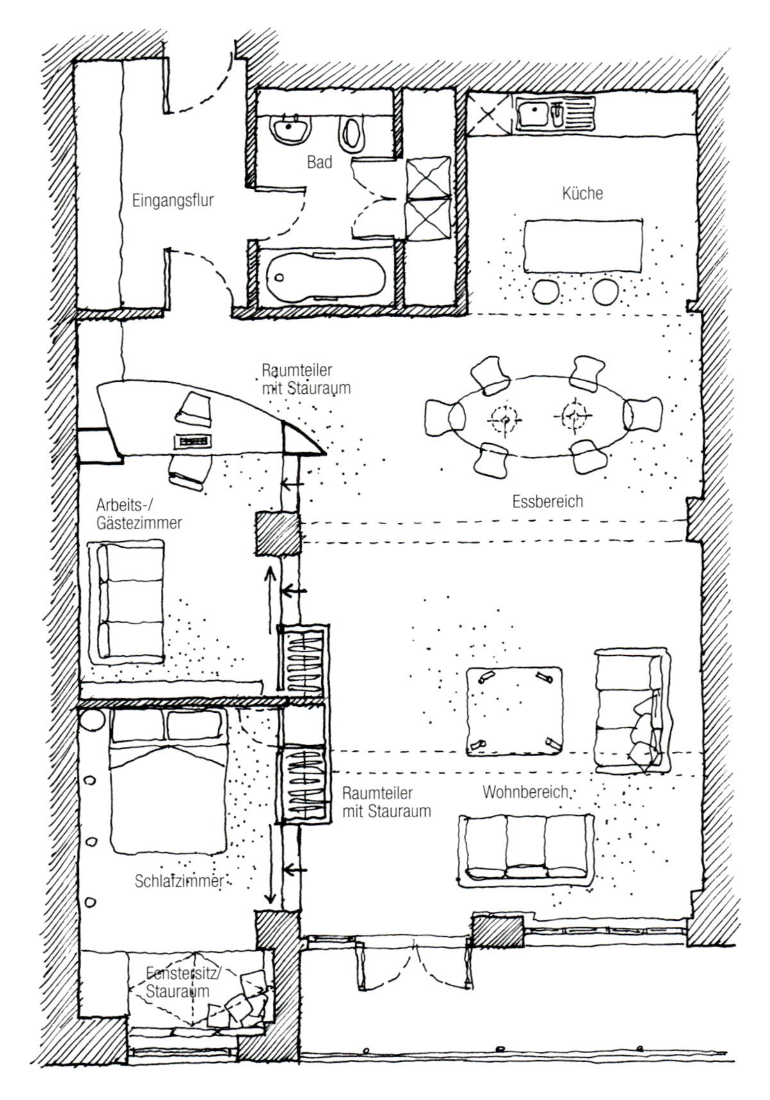

Loft in London, 90 Quadratmeter

Rechts, von oben nach unten: Eine Wand im Gästebereich ist mit Regalen für Bücher und CDs bedeckt. Ein Umbausofa bietet Platz für Übernachtungsbesuch (oben). Die zweite Trennwand hat eine geschwungene Außenseite, die Besucher vom Eingangsbereich in die Wohnung lenkt. Die Wand läuft in einer scharfen Spitze aus. Auf ihrer Rückseite ist ein Schreibtisch mit passgenauen Regalen und ausziehbaren Schrankelementen eingebaut (Mitte und unten).

Oben: Die Küche besteht aus einer Schrankzeile an der Stirnwand und einer Insel, die Arbeitsfläche und Frühstückstresen zugleich ist. Weiße Wände und versenkte Deckenstrahler nehmen dem kompakten, fensterlosen Bereich das Gefühl von Enge. Gleich daneben liegt der Essbereich, in dem das lichte, luftige Thema mit einem Glastisch und weißen Jacobsen-Stühlen fortgeführt wird. Zwei Hängelampen erzeugen am Abend behagliche Lichtinseln. Der Fußboden im Ess- und Wohnbereich besteht aus hellem Ahcrn.

Oben: In den oberen Teil der Schlafzimmerwand wurde ein Glasstreifen eingesetzt, durch den Licht in den angrenzenden Gästebereich fällt. Die Privatsphäre bleibt dennoch geschützt.

Unten rechts: Kleine Halogen-Wandlampen mit flexiblem Arm geben an beiden Seiten des Bettes gezieltes Leselicht.

Rechts: Im Boden versenkte Strahler ergänzen das Tageslicht und lassen den Raum weitläufig wirken.

Ganz oben und oben rechts: Auf der Schlafzimmerseite bietet der Raumteiler reichlich Platz für Kleidung. Die hängenden Schiebetüren im Industriestil laufen auf Rollen und können auch dazu genutzt werden, den Bereich bei Bedarf ganz abzuschotten. Tagsüber bleiben sie offen, damit Licht aus dem angrenzenden Wohnbereich einfallen kann.

Oben und rechts: Ein eingebauter Fenstersitz am Ende der Schlafzimmerwand dient als sonniger Entspannungsplatz. Unter dem Polster befindet sich weiterer Stauraum.

Rechts: Oberhalb von Küche und Bad wurde auf einer eingezogenen Galerie ein behaglicher Schlafplatz für Übernachtungsgäste geschaffen.

Ganz rechts: Präzise Planung war nötig, um alle Einbauten in der Wohnung unterzubringen. Die Elemente sind so geschickt angeordnet, dass man sogar von der Galerie in den Kühlschrank greifen kann.

Unten rechts: Die Stufen im Eingangsbereich, der zur Wohnung hin geöffnet wurde und nur durch eine halbhohe Teilungswand abgegrenzt ist.

Wohnbeispiel

Appartement in Paris

Die erste eigene Wohnung ist in den meisten Fällen klein. Viele Menschen verkleinern ihre Wohnungen aber auch, wenn die Kinder aus dem Haus sind. Dieses kleine Appartement in Paris hat nur 36 Quadratmeter, die vorherige Wohnung der Besitzerin hatte die dreifache Fläche. Wer solche Veränderungen wagt, muss lernen, Raum und Besitz unter ganz neuen Aspekten zu sehen.

Wenn man noch nicht viel besitzt, ist es recht einfach, mit wenig auszukommen. In diesem Fall jedoch zog die Bewohnerin eine befreundete Architektin zu Rate, um den Platz optimal auszunutzen, damit sie möglichst viele ihrer Besitztümer behalten konnte. Zunächst konnte sich die Besitzerin nur schwer vom bisherigen Konzept einzelner Räume lösen. Vor allem wünschte sie sich einen separaten Essbereich als Zentrum der Wohnung. Die Architektin bewies, dass durch Öffnung des Grundrisses und Einbau maßgenau gefertigter Stauraum-Elemente die Anzahl der tatsächlich notwendigen Besitztümer erheblich reduziert werden konnte.

Das Ergebnis erfüllt den ursprünglichen Auftrag, jedoch in stark vereinfachter Weise. Der Essbereich ist zwar nicht von Wänden umschlossen, bildet aber trotzdem das einladende Herzstück der Wohnung. Die Trennwände rings um den hohen Eingangsbereich wurden entfernt. Dadurch ist die ganze Wohnung von Licht durchflutet und hat eine ruhige Atmosphäre – elementare Qualitäten, die vielleicht zu den wichtigsten Besitztümern zählen.

Fjord

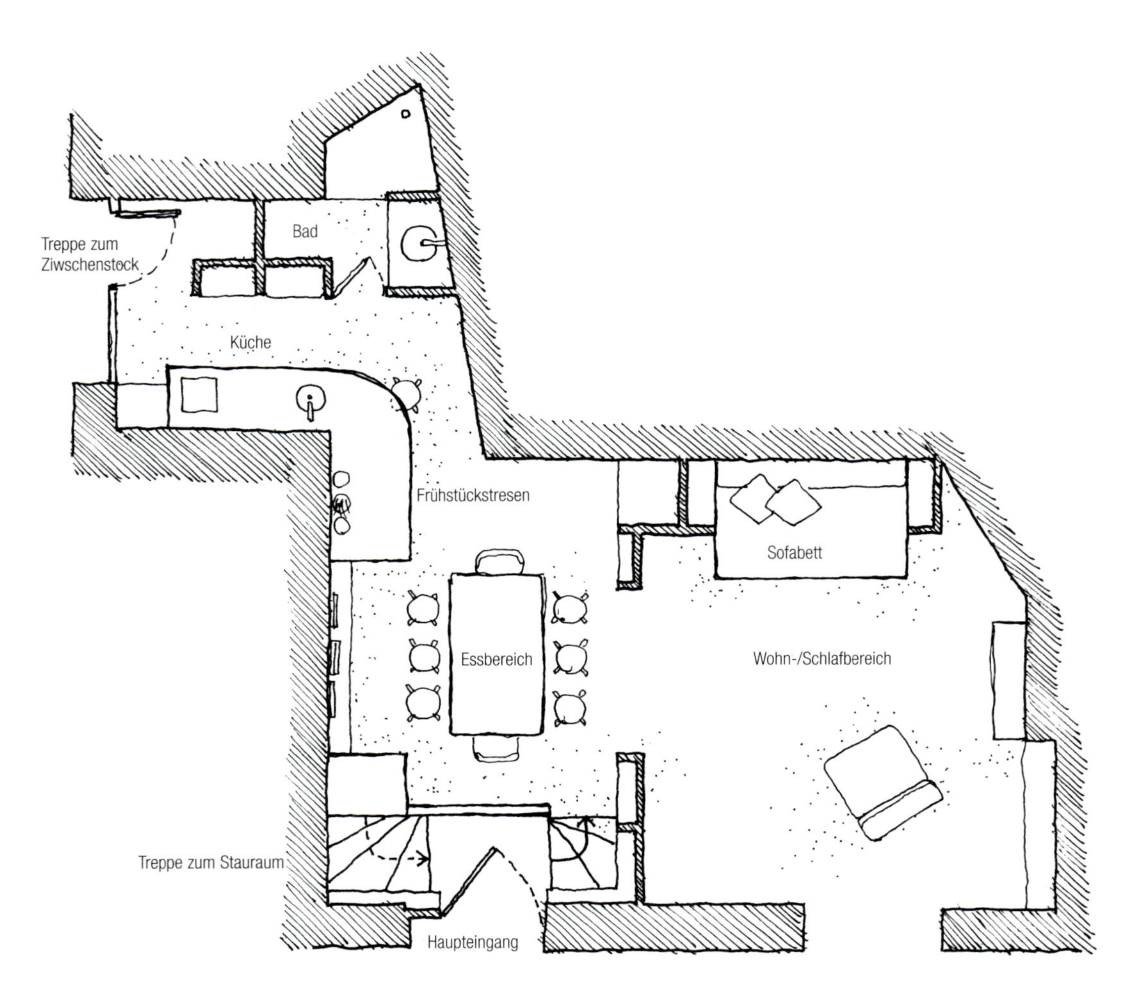

Appartement in Paris, 36 Quadratmeter

Rechts: Perfekt geplanter Stauraum für Tischwäsche und Besteck schafft Ordnung am Essplatz.

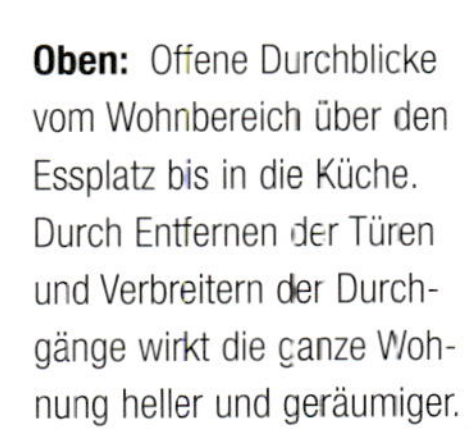

Oben: Offene Durchblicke vom Wohnbereich über den Essplatz bis in die Küche. Durch Entfernen der Türen und Verbreitern der Durchgänge wirkt die ganze Wohnung heller und geräumiger.

Oben rechts: Die Küchenzeile zieht sich um die Ecke und wird zum Frühstückstresen, der zugleich eine Verbindung zwischen Küche und Essplatz darstellt. Führt man Arbeitsflächen um die Ecke, lässt sich verschenkter Platz gut ausnutzen.

Rechts: Durch die offene Aufteilung gehen die Bereiche logisch ineinander über. Das Licht von der Fensterfront kann durch die ganze Wohnung fluten.

Oben links und rechts: Vom Essbereich aus fällt der Blick auf den Kamin an der gegenüber liegenden Wand des Wohnbereichs. Edle Materialien geben der schlichten Einrichtung Eleganz. Für den Boden wurden breite Eichenbohlen verarbeitet, wie man sie auch für Cognacfässer verwendet. Der schlichte Kamin besteht aus Vulkangestein.

Links: Blick von der Schlafgalerie in den Essbereich. Die Wände sind verputzt, gewachst und poliert. Dadurch haben sie einen sanften Glanz, der das Licht reflektiert.

Oben links: Auf der kleinen Gäste-Schlafgalerie reicht ein Futon als Möblierung aus. Jeder Zentimeter ist genutzt: über dem Kopfende fand sich sogar Platz für ein Bücherregal.

Oben rechts: Behaglichkeit pur: Lose Teppiche und ein Fernseher für gemütliche Stunden im Bett.

Oben: Weil der Essbereich das Kommunikationszentrum der Wohnung ist, kann der Wohnbereich zugleich als Schlafzimmer dienen. Das große, bequeme Sofa mit dem Samtüberwurf wird abends ausgezogen und in ein Bett verwandelt. Ein kleiner Einbauschrank zur Aufbewahrung von Kleidung ist ebenfalls vorhanden.

Rechts: In maßgenau eingebauten Fächern in der Wand hinter dem Umbausofa liegen Kissen und Decken genau da griffbereit, wo sie gebraucht werden.

Farbe, Muster & Textur

Der Drang, seine Umgebung zu dekorieren, entspringt einem tief verwurzelten menschlichen Bedürfnis nach Selbstausdruck.

Gegenüber: Farbe bereichert und belebt, doch man muss nicht den ganzen Raum in Farbe tauchen, um davon zu profitieren. In kleinen Räumen ist es günstiger, eine oder zwei Flächen herauszugreifen und in kräftigen Farben zu gestalten.

Der Drang, seine Umgebung zu dekorieren, entspringt einem tief verwurzelten menschlichen Bedürfnis nach Selbstausdruck. Beweise dieses grundlegenden kreativen Strebens sind in allen Kulturen und Epochen der Geschichte zu finden. Selbst wo das Leben ein alltäglicher Kampf zu sein scheint, wird es von der stimulierenden Wirkung der Farben und dem beruhigen Rhythmus der Muster begleitet.

Verschiedene Farben, Muster und Texturen wecken Assoziationen – sowohl kollektive, die wir mit anderen Menschen teilen, als auch ganz persönliche, die durch eigene Erinnerungen oder Neigungen entstehen. Die Einrichtung und Dekoration ist ein wichtiges Ausdrucksmittel für solche Neigungen, eben darum kann sie so eine enorme Wirkung auf das Wohlbefinden in einer Wohnung haben.

Vordergründig scheinen kleine Räume den Gestaltungsmöglichkeiten gewisse Grenzen zu setzen. Natürlich werden Licht und Raum durch helle und luftige Einrichtungsstile betont. Warme, kräftige Farben dagegen haben ebenso wie dicht gefügte Muster eher die gegenteilige Wirkung: sie können einengen. In kleinen Räumen kommt es außerdem auf gestalterische Einheitlichkeit an, damit sich visuelle Ablenkungen auf ein Minimum beschränken. Dieser Grundsatz scheint dem Bedürfnis nach Lebendigkeit und Abwechslung zu widersprechen. Und tatsächlich ergibt sich daraus auch die heute übliche Standardlösung aus weißen Wänden, hellem Holz und blassen Oberflächen und Möbeln.

Nun muss man sich beim Gestalten kleiner Räume keineswegs nur mit Naturtönen abgeben.

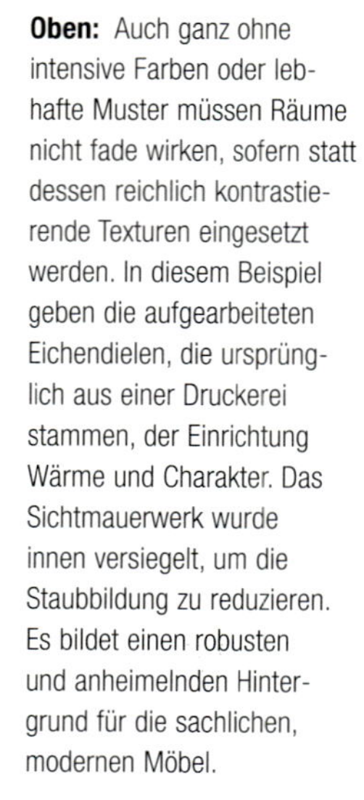

Oben: Auch ganz ohne intensive Farben oder lebhafte Muster müssen Räume nicht fade wirken, sofern statt dessen reichlich kontrastierende Texturen eingesetzt werden. In diesem Beispiel geben die aufgearbeiteten Eichendielen, die ursprünglich aus einer Druckerei stammen, der Einrichtung Wärme und Charakter. Das Sichtmauerwerk wurde innen versiegelt, um die Staubbildung zu reduzieren. Es bildet einen robusten und anheimelnden Hintergrund für die sachlichen, modernen Möbel.

Oben rechts: Dieser kleine Schlafplatz mit Blick auf den Wohnraum wurde bewusst ganz in Weiß gestaltet: klar, sauber und schlicht.

Schlichte, sparsam und unverschnörkelt eingerichtete Räume können, wenn die Kombination der Materialien geschickt gewählt wird, sehr viel Charakter ausstrahlen. In kleinen Räumen übernehmen Farben und Muster eine eigenständige Rolle, und sie werden ihr meist besser gerecht, wenn sie nur sparsam eingesetzt werden.

Wenn Sie einen kleinen Raum gestalten, sollten Sie sich bewusst machen, dass wir Farbe, Muster und Textur selten unabhängig voneinander wahrnehmen. Das leuchtet bei der Materialwahl am ehesten ein. Ein Fußboden aus Kalkstein beispielsweise kann einen bestimmten Honigton haben, doch lässt sich die Farbe nicht losgelöst von der Oberflächentextur und der feinen Zeichnung des Naturgesteins betrachten. Selbst wenn man eine Wand streicht, trägt man nicht einfach eine Farbe auf. Der gleiche Ton wird auf Ziegelsteinen anders ausfallen als auf Holz oder Putz, und eine hochglänzende Farbe wirkt anders als eine seidenglänzende oder eine matte in identischem Ton.

Der Reiz der Raumgestaltung liegt nicht nur darin, dass Farben die Lebensfreude steigern können, sondern auch in der Möglichkeit, mit relativ geringen Kosten und Mühen Räumen ein neues Gesicht zu geben. Allerdings sollte man über dieser Begeisterung für die schnelle Renovierung nicht den Wert von hochwertigeren Materialien vergessen, die lange halten und mit der Zeit sogar noch schöner werden. Ein neuer Anstrich gibt jedem Raum innerhalb weniger Stunden ein frisches Aussehen. Wo aber räumliche Nachteile auszugleichen sind, lohnt es sich manchmal, aufwändigere Lösungen zu suchen, die eine Ausstrahlung von Qualität besitzen.

Gestaltung mit Raumwirkung

Die meisten Menschen neigen dazu, sich beim Renovieren einen Bereich nach dem anderen vorzunehmen. Dafür gibt es natürlich praktische Gründe. So ein Vorgehen ist beispielsweise sinnvoll, wenn Zeit oder Budget knapp bemessen sind. Andererseits hat die Methode auch ihre Nachteile. Die Stück-für-Stück-Methode, die auch von Zeitschriften immer wieder propagiert wird, vermittelt den Eindruck, als sei ein Raum eine weiße Leinwand oder eine leere Bühne, die nur auf den Verwandlungszauber der Maltechniken und Stylingtricks wartet. Dadurch kann eine Wohnung zu einer Art Wäscheleine werden, an der die verschiedensten »Looks« aufgehängt werden – mal maurisch und mal Shaker-Stil. Nichts sorgt gründlicher dafür, dass diese Räume dann wie separate, kleine Schachteln wirken.

In kleinen Wohnungen lässt sich mit der Etappenmethode einfach nicht arbeiten, schon gar nicht, wenn die Räume auch noch mehreren Zwecken gleichzeitig dienen. Man muss die Wohnung als Ganzes betrachten und einen Stil finden, der Einheit und Zusammenhang der Bereiche unterstreicht, statt abrupte Brüche in Stil und Effekt zu produzieren. Das soll nicht heißen, dass alle Räume in einer Wohnung in exakt der gleichen Weise

Oben: Die unterschiedlichen Eigenschaften der Oberflächen spielen mit den Variationen von Farbe und Textur. Warme Küchenelemente aus Naturholz wirken durch den Kontrast mit der Edelstahl-Spritzwand, dem Hängeregal und den Accessoires frisch und modern. Geschickt installierte Strahler betonen diese Textur-Kontraste.

Oben: Weiß sowie neutrale Naturtöne lassen jeden Raum größer wirken. Die meisten Farbhersteller bieten eine verblüffend große Palette von Weißtönen an, die von reinem Kreideweiß bis zu zarten Pastellnuancen reicht.

Oben rechts: Ein elegant geschwungener Raumteiler trennt den Schlafbereich vom Wohnraum.

gestaltet werden müssen. Es sollte aber ein durchgehendes Thema vorhanden sein, das alles verbindet. Eine solche optische Kohärenz ist besonders wichtig, wenn es im Inneren Durchblicke und Blickachsen gibt, Räume ineinander übergehen oder mit flexiblen Trennwänden unterteilt sind.

Betrachtet man die Wohnung als Ganzes, kann man sich von der Vorstellung separater Räume lösen und leichter Flächen ausmachen, die Bereiche verbinden. Oft wird das dekorative Gewicht des Fußbodens übersehen, doch weil er eine der größten zusammenhängenden Flächen ist, kann er – im wahrsten Sinne – eine tragende Rolle übernehmen. Verwendet man das gleiche Bodenmaterial für die ganze Wohnung oder beschränkt sich auf sehr ähnliche Farbtöne, entsteht automatisch ein Eindruck von Zusammengehörigkeit und Weite. Noch reizvoller ist die Wirkung, wenn man auch für einen angrenzenden Außenbereich einen Fußbodenbelag wählt, der dem in der Wohnung im Farbton ähnelt. Auf diese Weise werden die Grenzen zwischen Drinnen und Draußen wirkungsvoll verwischt.

Wie im vorigen Kapitel erklärt, vermittelt ein lichtes, luftiges Raumgefühl eine Illusion von Geräumigkeit. Dessen sollte man sich auch bei der Wahl der Gestaltungsmaterialien bewusst sein. Klares Weiß ist natürlich die Farbe, die das Licht am besten reflektiert. Zu diesem Thema gibt es jedoch eine unbegrenzte Reihe von Variationen, die von natürlichen Neutralfarben bis zu blassen Tönen mit Distanzwirkung reichen. Auch diese Gesichtspunkte gelten ebenso im Freien.

Streicht man eine dem Haus zugewandte Gartenmauer weiß, reflektiert sie das Licht zum Haus hin. Nicht nur Spiegel vervielfältigen den Effekt von Tages- und Kunstlicht. Auch andere reflektierende Materialien wie Glas, Plexiglas, polierter Stein, geschliffenes Holz, Stahl, verzinktes Eisen und glasierte Fliesen eignen sich gut für lebhafte, schimmernde Oberflächen, die die Raumwahrnehmung bereichern.

Details

Hand in Hand mit der schlichten Gestaltung geht auch die Schlichtheit im Detail. Obwohl das Wort »Detail« eine gewisse Bedeutungslosigkeit impliziert, können gerade in kleinen Räumen allzu viele ungünstige Details eine unangenehme optische Unruhe erzeugen.

Zu den typischen baulichen Details gehören beispielsweise aufwändig gestaltete Tür- und Fensterrahmen, Stuckleisten und Deckenrosetten, Bilderleisten, halbhohe Täfelungen und Fußleisten. Manche dieser Elemente dienen nur der Dekoration, andere haben auch einen praktischen Nutzen. Die Fußleiste bildet einen sauberen Abschluss der Wand, der so akkurat mit Verputz kaum zu schaffen wäre. Deckenleisten dagegen verdecken die Risse, die häufig im Winkel zwischen verputzter Wand und Decke auftreten können. Halbhohe Täfelungen dienten ursprünglich dazu, das Verkratzen der Wand durch Stuhllehnen zu verhindern, denn früher war es in den großen Häusern üblich, die Stühle an die Wand zu schieben, wenn sie nicht benutzt wurden. Und eine Bilderleiste dient natürlich dazu, Bilder daran aufzuhängen.

Abgesehen von ihrem praktischen Nutzen markieren solche Elemente auch die Proportionen eines Raums. Sie sind ein Ausdrucksmittel der Architekten früherer Zeiten, die sich häufig an den Traditionen der römischen und griechischen Antike orientierten. Deckenleisten, Friese und Fußleisten sind letztlich eine Innenraumvariante des Gesimses und unterteilen die Wandfläche entsprechend den klassischen Proportionen der Tempelfassaden. Gleichzeitig grenzten diese Elemente auch verschieden gestaltete Flächen gegen

Oben: Hinter dem geschwungenen Raumteiler (siehe auch gegenüber) ist gerade genug Platz für ein winziges Bad.

Unten: Eine angenehme Mischung aus Naturmaterialien wirkt zugleich neutral und lebendig. Weil natürliche Materialien gut miteinander harmonieren, eignen sie sich besonders gut für kleine Räume. Im Schlafzimmer sind Lederfliesen der pure Luxus unter nackten Füßen.

einander ab. Normalerweise verkleidete man den unteren Wandbereich mit Holz, gelegentlich verwendete man auch eine besonders robuste Tapete. Im oberen Bereich herrschten zartere Materialien und Gestaltungstechniken vor.

Den Minimalismus finde ich häufig sehr langweilig, doch wenn es um kleine Räume geht, würde ich mich wohl am ehesten für eine minimalistische Gestaltung entscheiden – also mit möglichst wenig auskommen. In kleinen Räumen schaffen viele Details optische Unruhe, sie unterbrechen die Flächen von Decken und Wänden ganz unnötig. Eine deckenhohe, glatte Schiebetür ist die Weiterführung der Wandfläche, eine Kassettentür mit verziertem Rahmen dagegen ein Blickfang. Konsequente Minimalisten verzichten sogar auf Fußleisten. Sicherlich ist es eine dekorative Herausforderung, eine akkurat verputzte Kante am unteren Ende einer Wand zu erhalten, aber es ist keineswegs unmöglich. Eine Lösung besteht darin, den Verputz knapp über dem Fußboden auf einer verdeckten Leiste enden zulassen. Man muss dabei aber sehr vorsichtig und sorgfältig arbeiten.

Oben und Mitte: Schlichte, hochwertige Elemente wie diese Schranktüren aus gebürstetem Stahl oder der elegant geschwungene Wasserhahn geben minimalistischen Einrichtungen Eleganz.

Gegenüber: Räume wirken größer, wenn die konventionellen Einfassungen wie Türrahmen, Fuß- und Deckenleisten fehlen.

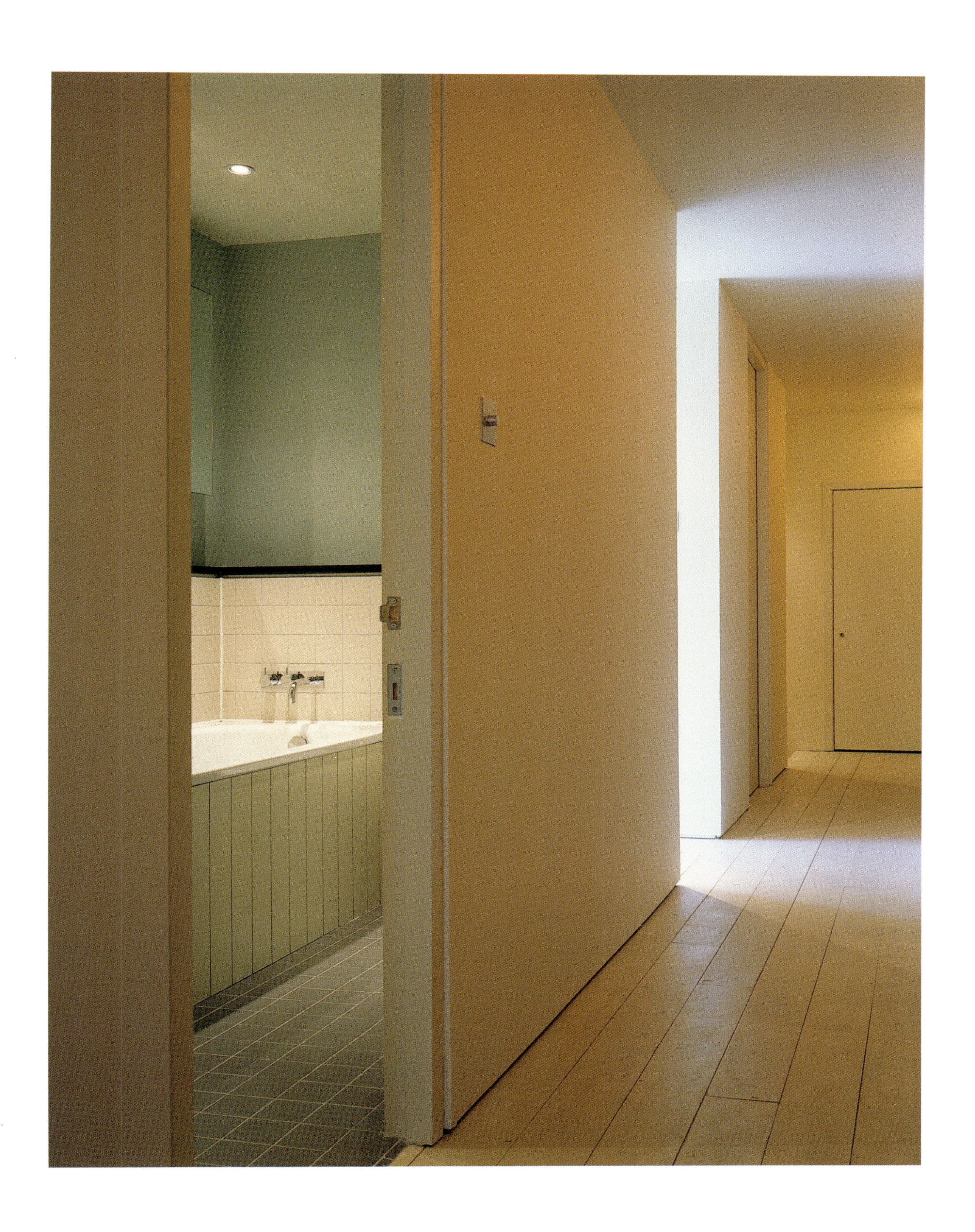

Ganz oben: Flächen einer klaren Farbe wiederholen sich in der Küche und im Wohnbereich und beleben die sonst recht dezent eingerichtete, offene Wohnung.

Oben: Gebrochene Farben wie dieses Blaugrau sind für kleine Räume günstig. Kühle Farben vermitteln von Natur aus ein Gefühl von Distanz, sodass Räume größer erscheinen. Wiederholt sich die gleiche Farbe auf verschiedenen Elementen, werden die Bereiche auf subtile Weise miteinander verbunden.

Zu den prosaischeren Details gehören Funktionselemente wie Türgriffe und -scharniere, Griffknöpfe, Schalter und Steckdosenblenden. Aus Gründen der Klarheit ist es sinnvoll, möglichst unauffällige Modelle zu wählen oder – sofern möglich – ganz darauf zu verzichten. Ich habe kürzlich die Schalter- und Steckdosenblenden aus Messing und die weißen Türgriffe in meinem Haus durch schlichte Metallknöpfe- und -platten ersetzt: der Unterschied ist frappierend. Schiebetüren und -paneele brauchen nur kleine Vertiefungen, in die man mit den Fingerspitzen greift. Schränke können mit Magnetverschlüssen ausgestattet werden, die sich auf Fingerdruck öffnen.

Wenn eine Küche in einer offen gestalteten Wohnung mit konventionellen Elementen eingerichtet ist, sieht sie immer wie eine Küche aus. Wählt man dagegen nahtlose, sachliche Elemente, kann sie, wenn sich nicht gerade benutzt wird, so unauffällig wie eine weiße Wand sein.

Farbe einsetzen

Farbe ist ein wirkungsvolles Gestaltungsmittel. In kleinen Räumen kann sie das Licht und die Aussicht betonen, aber auch als belebendes Element eingesetzt werden.

Generell reflektieren helle Farben, die einen hohen Weißanteil besitzen, viel Licht und lassen Räume größer wirken. Dunkle Farben absorbieren mehr Licht und vermitteln dadurch leicht ein Gefühl des Eingeschlossenseins. Auf ähnliche Weise unterscheiden sich auch die warmen und die kalten Farben. Aus verschiedenen wissenschaftlich belegten Gründen, die mit unserer Wahrnehmung von Licht zusammenhängen, scheinen warme Farben wie Rot, Gelb und Orange auf uns zuzukommen. Das bedeutet, ein roter Gegenstand scheint näher zu sein als er tatsächlich ist. Kühle Farben wie Grau, Blau und Violett dagegen rücken optisch in größere Distanz. Es liegt daher nahe, diesen Effekt für kleine

Links: Die hellblau gestrichene Nische hinter dem Bett zeigt, wie zart und doch effektvoll die Kombination von lebhafteren Farben und Naturtönen wirken kann.

Räume auszunutzen und kühle Farben zu verwenden, um die Wände optisch »wegzuschieben«.

Gleichzeitig sollte man aber auch die Tageslichtverhältnisse berücksichtigen. In einem warmen, nach Süden ausgerichteten Raum kann ein blasses Blaugrau wunderbar frisch und luftig wirken. In einem dunkleren, nach Norden gelegenen Raum dagegen wirkt die gleiche Farbe einfach kalt. Wo Tageslicht knapp ist, geben Naturtöne mit einem Hauch einer warmen Farbe – beispielsweise ein Cremeton – einen reflektierenden, aber angenehmen und behaglichen Hintergrund ab.

Weißer geht's nicht

Viele Menschen, die kleine Räume dekorieren wollen, greifen fast automatisch zu Weiß oder einem gebrochenen Weiß – vor allem solche, die im Umgang mit kräftigeren Farben unsicher oder zaghaft sind. Wer vor lebhaften Farben zurückschreckt, meint oft, dass man mit einer neutralen Gestaltung nichts falsch machen können. Dabei geht man jedoch das Risiko ein, dass die Wohnung fade oder langweilig aussieht. Das Geheimnis liegt oft in den feinen Nuancen. Der Unterschied zwischen Weiß und »Magnolie« mag nicht groß sein, doch während reines Weiß am richtigen Platz frisch und belebend

wirkt, kann »Magnolie“ dem Raum buchstäblich alles Leben aussaugen.

Weiße Räume sind eine Art modernes Klischee, eng verbunden mit der minimalistischen Philosophie »Weniger ist mehr«. Im Allgemeinen nimmt man an, dass dieser Stil, der fast etwas zu streng und nüchtern ist, um menschlich zu sein, sich aus den Arbeiten Le Corbusiers entwickelt hat. Tatsächlich aber findet man in vielen der besonders einflussreichen Arbeiten Le Corbusiers ein faszinierendes Zusammenspiel von Farbe und Textur.

Sieht man sich die historische Verwendung von Weiß in der Wohnraumgestaltung an, wird eine unterschwellige Verknüpfung mit Wohlstand erkennbar. Einer der ersten Fürsprecher von Weiß als Wohnfarbe war William Morris, der die Integrität schlicht weißer Wände schätzte, sie vor allem aber als Hintergrund sah, »auf dem Licht und Schatten so bezaubernd spielen«. Für Morris' Zeitgenossen in der Viktorianischen Ära war der Gedanke, Wände weiß zu streichen, äußerst schockierend, doch am Ende des Jahrhunderts hatte der Gedanke in progressiven und künstlerischen Kreisen bereits Anhänger gefunden. In der »Ästhetik von Süße und Licht«, die das Landhaus der Edwardianischen Zeit charakterisierte, spielte Weiß eine Rolle, und bald wurde es auch mit einer gesteigerten Wahrnehmungsfähigkeit assoziiert. Charles Rennie Mackintosh gestaltete Interieurs ganz in Weiß, die eine zarte, beschützende Intimität ausstrahlen. Jahrzehnte später prägten Innenarchitektinnen wie Elsie de Wolfe und Syrie Maugham einen Wohnstil in Weiß, der Eleganz, Zerbrechlichkeit und Luxus vermittelt.

Diese Beispiele zeigen, dass es sehr auf den genauen Charakter des Weißtons und den Stil der Gestaltung ankommt. Mattes, kalkiges Weiß vom Typ der alten Vorkriegs-Dispersionsfarben und der Kalkfarben zu Morris‘ Zeit vermittelt eine bodenständige Ehrlichkeit und harmoniert gut mit Naturmaterialien und rustikalen Oberflächen. Der sinnliche Schimmer des seidig glänzenden Elfenbeintons in Mackintoshs Interieurs wird durch weiß lackierte Hölzer und helle Teppiche noch betont. Hochglänzendes Weiß harmoniert mit anderen reflektierenden Oberflächen wie Glas und Spiegeln. In jedem Fall müssen die Nuancen exakt aufeinander abgestimmt sein, denn ein gebrochenes Weiß sieht neben einem Reinweiß einfach schmutzig aus.

Tönt man Weiß mit einem Hauch Farbe ab, erhält man wunderbar zarte Schattierungen wie blasses Lavendel oder Blaugrau. Solche Töne strahlen auf ganz subtile Weise Wärme oder Kühle aus. Sie geben einem neutralen Farbkonzept ein bisschen mehr Leben und betonen wie ein Rahmen jedes weitere Objekt, das mit ihnen kombiniert wird. Ähnliche Effekte erhält man, wenn man eine hauchdünne Lasur über einem weißen Anstrich aufträgt. Fällt das Ergebnis jedoch eine oder zwei Nuancen zu intensiv aus, hat man einen Pastellton produziert. Und diese wiederum wirken allzu häufig wie »Farbe light« – eine ungelenke Lösung für Menschen, die vor »echten« Farben Angst haben.

Hintergrund und Vordergrund

Obwohl in kleinen Räumen helle, luftige Hintergrundfarben meist vorteilhafter sind, braucht man den kräftigeren Farben dennoch nicht völlig abzuschwören.

Ineinander übergehende Bereiche mit fortlaufenden Wand-, Decken- oder Bodenflächen kann man mit farbigen Feldern unterbrechen, um die verschiedenen Zonen zu kennzeichnen. Umgeben von viel Weiß können solche Felder sehr intensiv wirken, ohne dass sie das Gefühl von Weite im Geringsten stören. Wer Farbe auf diese Weise einsetzt, löst den Begriff der separaten Räume weitgehend auf.

Gegenüber und rechts:
Mit einzelnen Flächen in intensiveren Farben lassen sich auf vielerlei Weise Bereiche definieren. Diese Technik eignet sich besonders gut für offen gestaltete Wohnungen. Nischen, Stirnwände oder Türen bieten sich beispielsweise für farbige Akzente an.

Oben und gegenüber:
Für diese Idee stand das 1949 von Charles und Ray Eames in Kalifornien erbaute Haus Pate. Der Schlafbereich ist von einem Stahlrahmen umgeben, dessen Felder mit Plexiglas und farbigem Papier gefüllt sind.

Auch mit aufeinander abgestimmten Farben lassen sich kleine Räume sehr geschickt gestalten. Zunächst mag man damit diese risikolosen und vorhersehbaren Einrichtungsstile assoziieren, bei denen Wände, Möbel und Accessoires konsequent Ton in Ton gehalten sind – mit dem Ergebnis, dass Atmosphäre und Stimmung verloren gehen. Wiederholt man aber einen Farbton in verschiedenen Bereichen, indem man beispielsweise das Blaugrau der Küchenschränke in der Farbe der Badezimmerfliesen oder einer Wolldecke auf dem Sofa wieder auftauchen lässt, baut man auf subtile Weise einen »roten Faden« auf, der die Bereiche harmonisch verknüpft.

Die einfachste Möglichkeit, lebendige Farben in kleine Räume einzubringen, sind Akzente. Selbst Kleinigkeiten wie Bilder, Blumen in der Vase, Decken, Kissen oder Teppiche können zum Farbtupfer werden und vor einem zurückhaltenden Hintergrund genau die richtige Dosis an Lebendigkeit darstellen.

Muster einsetzen

Muster bringen Bewegung in die Einrichtung. Viele Menschen empfinden sich wiederholende Muster als angenehm und beruhigend. Psychologen haben die Wahrnehmung erforscht und herausgefunden, dass das menschliche Gehirn geordnete und symmetrische Muster bevorzugt.

Man möchte meinen, dass Muster für die Dekoration kleiner Räume keine bedeutende Rolle spielen. Konventionell versteht man unter Mustern meist irgendeine Art visueller Unruhe, vielleicht auch bemühte Romantik wie in ländlich-niedlichen Blümchentapeten und Rosenchintz oder eine exotische Anhäufung von asiatischen Teppichen und Textilien. Es gibt aber auch andere Muster, die sich für kleine Räume gut eignen und die für einen angenehmen Rhythmus sorgen. Geometrische Muster wie Karos,

Oben: Nichts gibt einer Einrichtung mehr Charakter als ein Material, an dem der Zahn der Zeit genagt hat. Auf diesem liebevoll restaurierten Hausboot auf der Themse sind viele der alten Planken erhalten geblieben. Nur die vom Wasser beschädigten Teile wurden erneuert. Auch die Arbeitsplatte der Küchenzeile besteht aus Eiche.

Streifen oder Tupfen sind für kleine Räume besonders günstig.

Bei Mustern denken wir meist an Stoffe und ihre gewebten, gedruckten oder applizierten Motive. Weitet man den Begriff aber aus, findet man in der Wohnumgebung viele andere Muster. Die Art, wie Fliesen verlegt sind, ist ein Muster. Lamellen-Jalousien sind ebenso gestreift wie ein Streifenstoff. Parkett im Fischgrät- oder Kreuzverband erinnert an gewebte Textilien. Solche Muster können für anregende Lebendigkeit sorgen, wenn die Farben zurückhaltend und die Flächen schlicht gestaltet sind.

Genau wie mit Farben lassen sich auch mit Mustern Größe und Proportionen von Räumen optisch manipulieren. Ist beispielsweise ein Holzdielenboden so verlegt, dass die Dielen von vorn nach hinten durch den Raum laufen, wirkt der Raum länger. Vorhänge mit senkrechten Streifen betonen die Höhe eines Fensters. In manchen Fällen sollte man die Größe der Musterelemente auf die Proportionen des Bereichs abstimmen. Das kleine Raster von Mosaikfliesen etwa passt gut zu engen Räumen wie kleinen Badezimmern.

Auch als dekorativen Akzent kann man Muster einsetzen. Stark vergrößerte Makro-Fotos eignen sich ebenso gut wie ein Farbfeld zum Definieren verschiedener Wohnbereiche. Teppiche und Läufer – vom Kelim über den gestreiften Dhurrie bis zum modernen Teppich – sind eine gute Möglichkeit, einer Sitzgruppe in einem großen, offenen Raum einen klaren Rahmen zu geben.

Texturen einsetzen

Zwischen Muster und Textur gibt es keine klare Grenze, beide sind eng mit dem Wesen von Materialien verknüpft. Naturmaterialien wie polierter Stein oder gescheuertes Eichenholz haben viel Charakter und werden durch Alter und Gebrauch nur schöner. Sachliche Industriematerialien wie Edelstahl, Acryl oder Glas dagegen wirken eher modern.

Textur ist eines der wichtigsten Dekorationselemente für kleine Räume. Wenn man sich auf eine kleine Farbpalette beschränken muss und auch die Möglichkeiten, durch Muster für Abwechslung zu sorgen, eher gering sind, lässt sich durch verschiedenartige Texturen dennoch die nötige optische Varianz schaffen. Oberflächen reflektieren das Licht auf ganz unterschiedliche Weise. Ein Stuhl aus Polypropylen mag den gleichen Weißton haben wie ein Stuhl aus Weidengeflecht, doch beide werden völlig verschieden wirken.

Texturen haben nicht nur optischen Wert, sie laden auch zum Berühren ein. Denken Sie an den weichen Flor einer Wolldecke an der Wange, ein glattes Metallgeländer in der Hand, hölzerne Bodendielen unter nackten Füßen. Dinge, die sich angenehm anfühlen, machen den Alltag ein bisschen sinnlicher. Viele Menschen verschaffen sich Behaglichkeit in ihrer Umgebung, indem sie ihre Wohnungen mit allerlei Besitztümern und gemütlichem Krimskrams anfüllen. Kleine Räume würden dadurch schnell unordentlich aussehen – hier schaffen kontrastreiche Texturen eine ebenso angenehme Behaglichkeit.

Rechts: Das eingebaute Bett ist eine Maßanfertigung aus Iroko, einem westafrikanischen Hartholz mit schöner, warmer Färbung. Im unteren Bereich ist neben viel Stauraum auch ein Heizkörper untergebracht.

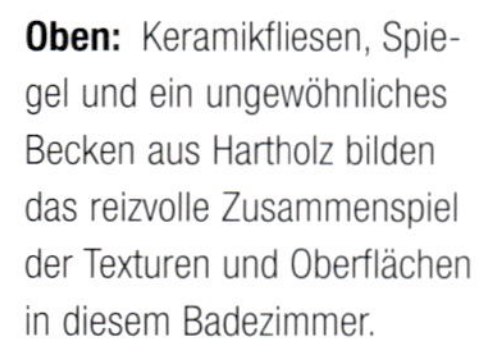

Oben: Keramikfliesen, Spiegel und ein ungewöhnliches Becken aus Hartholz bilden das reizvolle Zusammenspiel der Texturen und Oberflächen in diesem Badezimmer.

Oben rechts: Fliesen wirken durch das regelmäßige Rastermuster auf subtile Weise lebendig. Hier kontrastieren weiße Fugen mit den sanft grauen Flächen.

Solche Textur-Kontraste sind uns aus der Natur bestens vertraut. Bei einem Spaziergang am Meer beispielsweise tritt man auf ganz unterschiedlichen Boden: festen Sand am Rand des Wassers, trockenen Sand in den Dünen, Felsvorsprünge und weiches Gras oberhalb eines Steilufers. Solche Wechsel zwischen Glatt und Weich, Rau und Grob machen einen Teil des Reizes der Begegnung mit der Natur aus. Man stelle sich als Vergleich einen Marsch gleicher Dauer auf einer ebenen Asphaltstraße vor.

Durch Veränderungen der Materialien in der Raumgestaltung sorgt man auf subtile und manchmal kaum wahrnehmbare Weise für die notwendige Lebendigkeit.

Je enger der Kontakt, umso wichtiger ist die Qualität der Texturen. Wählen Sie dicke,

Rechts: Der Holzfußboden setzt in dem Bad mit den harten, reflektierenden Oberflächen einen angenehm warmen Kontrapunkt. Textur hat viel mit Berührung zu tun – ein Aspekt, der bei der Wohnraumgestaltung allzu häufig übersehen wird.

Links: So schön können Spiegel sein. In diesem Badezimmer wird der sichtbare Raum buchstäblich verdoppelt. Die Schieferplatten auf Wänden und Boden schaffen einen sinnlichen, stimmungsvollen Hintergrund.

weiche Handtücher und Badematten, Bettwäsche aus feinem Leinen, edler ägyptischer Baumwolle oder anderen Stoffen, die sich angenehm auf der Haut anfühlen. Im Wohnbereich vermittelt die warme Schwere von Wolldecken und Überwürfen oder Kissen mit Federfüllung Behaglichkeit, Möbel mit robusten Baumwollbezügen sind sympathischer als Chemiefasern, die die Sinne nicht verwöhnen.

Textur-Kontraste können auch praktische Aspekte haben. Verschiedene Wohnbereiche verlangen oft unterschiedliche Bodenbeläge: etwas Weiches für den Schlafbereich, etwas Pflegeleichtes für die Küche. Bleibt man einem hellen Grundton treu und ändert lediglich das Material, trägt man den praktischen Anforderungen Rechnung, ohne die Wirkung räumlicher Weite zu opfern. Helle Keramikfliesen könnten beispielsweise für die Küche verwendet werden, für den Wohnbereich helles Hartholz und für den Schlafbereich ein heller Juteteppich.

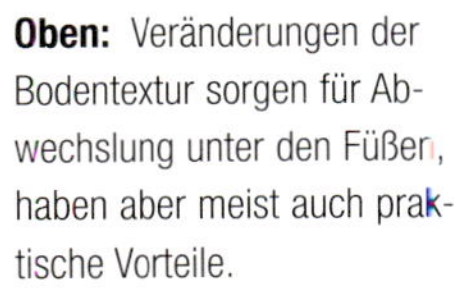

Oben: Veränderungen der Bodentextur sorgen für Abwechslung unter den Füßen, haben aber meist auch praktische Vorteile.

Ganz oben: Die Eigenschaften verschiedener Texturen sprechen auch den Tastsinn an. Diese Badewanne aus Zedernholz ist eine willkommene Abwechslung zu den klassischen Porzellan- oder Emaillemodellen. Holzbadewannen müssen vom Fachmann gefertigt sein, sonst werden sie leicht undicht.

Oben: Die Paneele aus Buchenfurnier bilden eine warme, Lärm dämmende Umrahmung für das Betthaupt. In den beiden Nischen sind Strahler eingebaut.

Gegenüber: Der Privateingang zur Wohnung führt durch den Garten, der bei gutem Wetter auch als Sitzplatz dient. Der Bodenbelag besteht aus breiten Iroko-Bohlen. Der Tisch aus Iroko und Edelstahl ist ein Entwurf des Architekten. Die isolierten Glastüren, die vom Haus in den Garten führen, lassen sich weit zurückschlagen, und bei Bedarf überspannt eine Markise auf einem leichten Aluminiumrahmen den Sitzbereich im Freien.

Wohnbeispiel

Gartenwohnung in London

Diese winzige Wohnung im Erdgeschoss eines viktorianischen Hauses in London hat ein Architekt für sich selbst umgebaut. Die Gesamtfläche beträgt nur 28 Quadratmeter, doch mit durchdachter Aufteilung, geschickten Detaillösungen und großzügig eingesetzten, edlen Materialien ist eine unverschnörkelte, flexible Wohnung mit viel Charakter entstanden. Weiße Wände und helle Böden sind zwar eine gängige Gestaltungsstrategie für kleine Wohnungen, doch die vielfältigen Töne und die grafischen Kontraste der Materialien geben dieser Wohnung ein Flair von moderner Noblesse.

Das Hauptziel bestand darin, Innen- und Außenraum möglichst eng zu verbinden und der Einrichtung eine durchgängige Klarheit zu verleihen. Alle Zierleisten wurden entfernt. Eine Wand, die früher Küche und Wohnraum trennte, wurde eingerissen. Zum Garten hin wurden neue Fenster und große Glas-Klapptüren eingebaut. Weil die neue Küche sich an nur einer Wand erstreckt, während an der anderen reichlich Stauraum eingebaut wurde, wirkt die Mitte des Raums nun weit und großzügig.

Tapete mit einer Naturstein-Textur und ein Fußboden aus massivem, geöltem Walnussholz schaffen einen sanften, ruhigen Hintergrund. Asiatischer Einfluss wird in den Schiebetüren spürbar, die das Schlafzimmer vom Wohnbereich trennen, und setzt sich in der Gestaltung des Außenbereichs fort. Der Garten ist mit japanischem Fächerahorn und Ziergräsern bepflanzt, die einen Kontrast zu den Texturen des massiven Iroko-Bodenbelags, dem Betonpflaster und dem Keramik-Wasserbecken bilden.

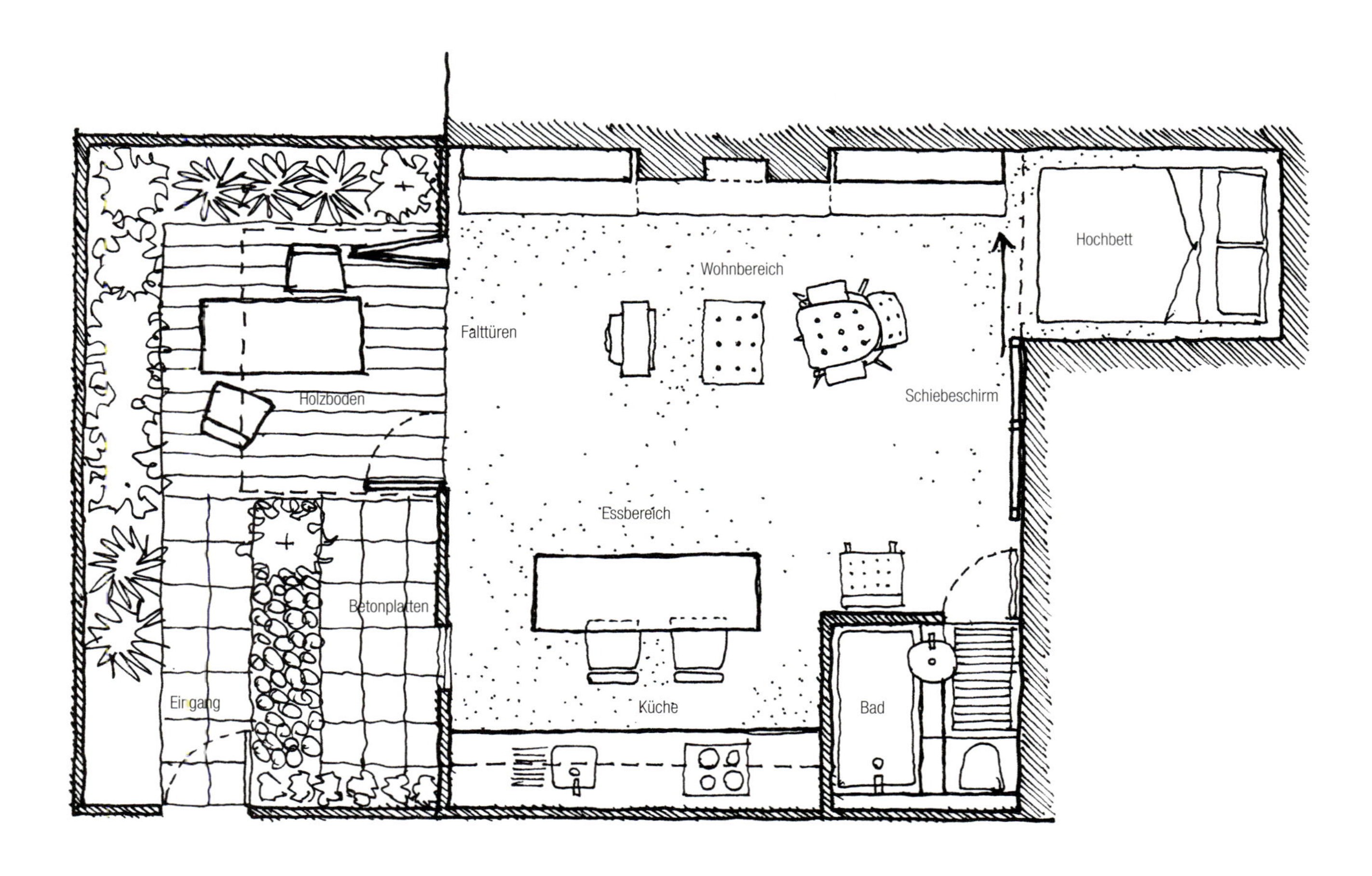

Gartenwohnung in London, 28 Quadratmeter

Rechts: Arbeitsplatte und Spritzwand bestehen aus poliertem, braunem Marmor und bilden einen grafischen Gegenpol zu den Schranktüren aus gebleichtem Bergahorn. Der Esstisch, der speziell für diesen Raum entworfen wurde, kann auch als zusätzliche Arbeitsfläche benutzt werden.

Links: In den Küchenschränken ist Platz für alle nötigen Geräte, darunter Wasserfilter, Kühl-Gefrier-Kombination, Waschtrockner, Minispülmaschine, Mikrowellenherd, Boiler und ein praktisches, ausklappbares Bügelbrett.

Oben: Über die gesamte Breite der Wohnzimmerwand sind Schränke für CDs, Bücher und Kleidung eingebaut. Vor dem erhöht eingesetzten Kamin mit Gas- und Keramikfeuer ist eine Marmorplatte eingelegt. Die Schrankfronten bestehen aus gebürstetem Aluminium, die Deckplatten aus massivem, gebleichtem Ahorn. In den Nischen rechts und links des Kaminvorsprungs sind unsichtbar aufgehängte Glasregale eingebaut.

Links: Um auf nur 1,5 Quadratmetern ein voll ausgestattetes Bad unterzubringen, muss man sich schon etwas einfallen lassen. Die Tür aus zweischichtigem Spiegelglas mit einem satinierten Dekorstreifen wirkt wie ein großer Reflektor, der das Licht vom Bad in den Wohnraum zurückwirft. Das Bad selbst ist komplett wasserdicht. Unter dem Rost aus massivem Iroko ist eine Emaille-Duschwanne eingelassen. Den Hahn über dem Marmorwaschtisch kann man schwenken, um die Badewanne zu füllen.

Rechts: Die Aluminiumverkleidung der Schränke im Wohnraum hat einen sanften Schimmer, der durch geschickt ausgerichtete Strahler raffiniert betont wird.

Oben und rechts: Das Bett auf dem eingebauten Kleiderschrank passt exakt in die Nische. Der verschiebbare Sichtschirm, der die Schlafecke abtrennt, besteht aus geschwärzter Eiche, Aluminium und Papiergewebe. Dahinter liegen die beiden schwarzen Schiebetüren des Kleiderschranks. Statt über eine Leiter oder feste Stufen steigt man über einen Beistelltisch und den Einbauschrank ins Bett. Beide »Trittelemente« wurden für diesen Zweck extra verstärkt.

Gegenüber: Die »Funktionswand« besteht aus einem Holzrahmen mit Füllungen aus Hartholz. Sie enthält eine Küche, einen Arbeits- und Fernsehbereich und eine Schlafplattform mit darunter eingebautem Kleiderschrank. Durch die Tür am Ende der Wand gelangt man in die kleine, kompakte Küche.

Wohnbeispiel
Appartement in Paris

Vor Jahren war dieses winzige Studio eine Klosterzelle: ein spartanischer Wohnraum in einem Gebäude, das einer religiösen Gemeinschaft gehörte. Heute sind außer dem Haupteingang und dem Kamin nur wenige der ursprünglichen Elemente erhalten. Obwohl sie nur 30 Quadratmeter Bodenfläche hat, wirkt die Wohnung ungewöhnlich voluminös, denn die Decken sind reichlich drei Meter hoch. Diese Proportionen vermitteln ein Gefühl luftiger Großzügigkeit.

Als die Besitzer – Architekten von Beruf – den Umbau der Wohnung planten, waren sie fest entschlossen, diesen luftigen Charakter zu bewahren. Die Lösung bestand darin, alle Notwendigkeiten von der Küche über das Bett bis zum Arbeitsbereich in eine Holz-Rahmen-Konstruktion zu integrieren, die den größten Teil einer Wand einnimmt. Das genaue Zusammenfügen der einzelnen Elemente war mit dem Legen eines Puzzles zu vergleichen. Dabei entstanden klar definierte Flächen, die durch intensive Farben betont wurden. Für die Fronten des Holzeinbaus wurde gebleichter Bergahorn verwendet, während moderne, lebhafte Rot-, Orange- und Gelbtöne die neuen und die alten Elemente verbinden.

Wegen der ungewöhnlichen Nähe von Küche, Stauraum und Schlafplatz war bei den Installationen besondere Sorgfalt nötig. Kabel und Rohre liegen, geschützt in Betonkanälen, unter dem Fußboden. Eine Dunstabzugshaube reduziert Küchengerüche auf ein Minimum, und die Balken, auf denen die Schlafplattform ruht, sind mit Wolle umwickelt, um Geräusche und Vibrationen zu verringern.

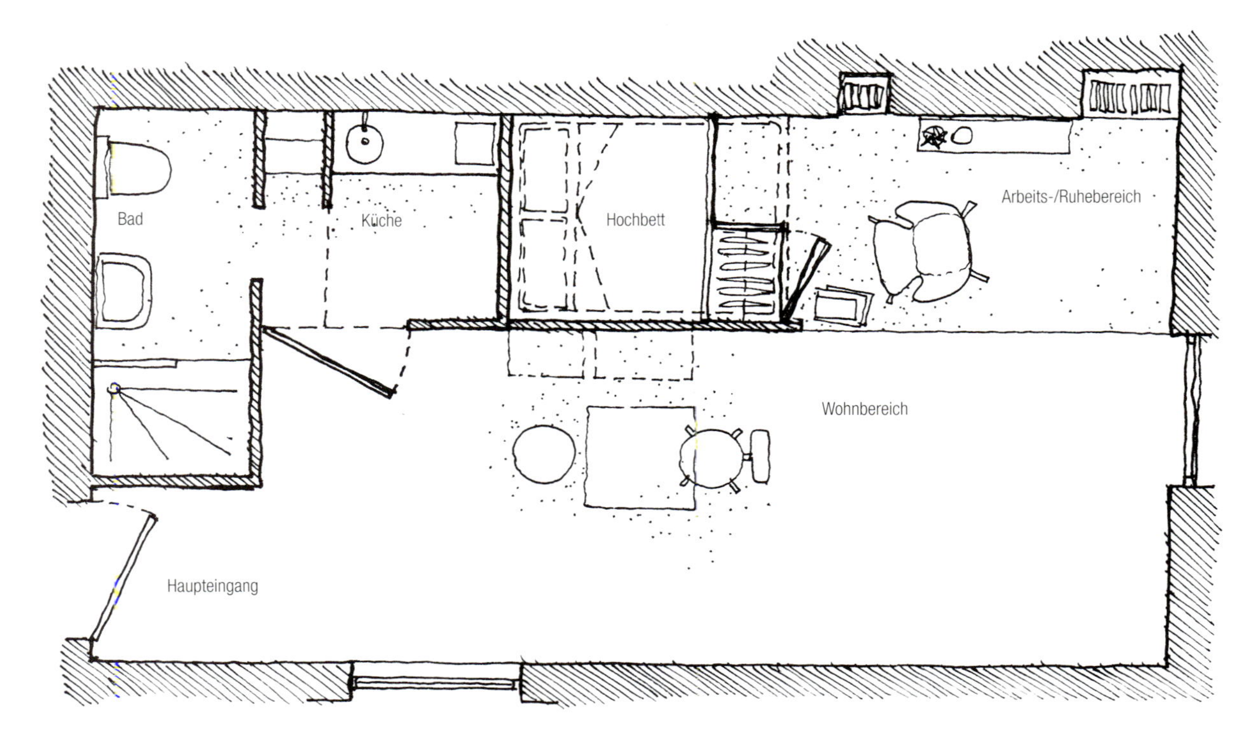

Appartement in Paris, 30 Quadratmeter

Rechts: Die extrem schlicht gestaltete Küche enthält eine Edelstahl-Arbeitsplatte mit Kochfeld und Spüle. Die Abzugshaube leuchtet in kräftigem Orange.

Ganz rechts: Der Fernseher ist hinter einer Plexiglasscheibe eingebaut, darüber befindet sich ein Fach für den CD-Player. Hinter der Klappe versteckt sich ein Computer.

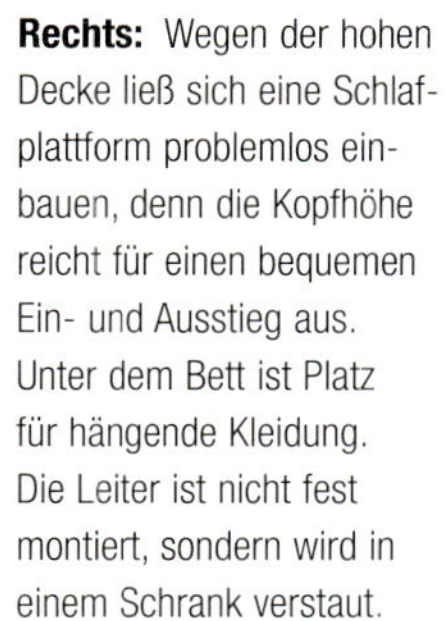

Rechts: Wegen der hohen Decke ließ sich eine Schlafplattform problemlos einbauen, denn die Kopfhöhe reicht für einen bequemen Ein- und Ausstieg aus. Unter dem Bett ist Platz für hängende Kleidung. Die Leiter ist nicht fest montiert, sondern wird in einem Schrank verstaut.

Links: Der Marmorkamin, eines der wenigen Originalelemente der Wohnung, ist ein grafisches Gegengewicht zu den bunten, modernen Möbeln.

Ganz links: Eine Trennwand, die zugleich als Betthaupt und Ablage dient, leuchtet in kräftigem Blau und bildet einen reizvollen Kontrast zu der ansonsten ganz in Rot gehaltenen Schlafempore.

Organisation

Das Hauptproblem des Wohnens auf kleinem Raum lässt sich mit einem Wort zusammenfassen: Krimskrams.

Gegenüber: Ecken und Winkel lassen sich gut in Stauraum verwandeln. Dieser Schrank unter der Treppe wurde maßgenau eingebaut und schluckt erstaunliche Mengen an Haushaltsutensilien.

Das Hauptproblem des Wohnens auf kleinem Raum lässt sich mit einem Wort zusammenfassen: Krimskrams. Enge entsteht nicht etwa durch das, was wir zu Hause tun, sondern durch die Dinge, die wir dort aufbewahren. Für Besitztümer gibt es offenbar nur Einzelfahrscheine. Sie kommen in unserem Leben an und gehen nur selten wieder. Und dann sammeln sie sich an. Dabei geht es nicht nur um die Objekte, die Ausdruck unserer persönlichen Leidenschaften und Neigungen sind, sondern vor allem um Dinge, die uns über die Jahre »zulaufen«.

Minimalisten würden uns jetzt daran erinnern, dass weniger mehr ist. Ich habe aber den Verdacht, dass viele dieser vermeintlich so sparsam und puristisch eingerichteten Interieurs nicht ganz aufrichtig sind. Minimalisten sind genauso verrückt nach Besitz wie alle anderen Menschen, der Unterschied besteht nur darin, dass sie ihre Habseligkeiten hinter Schranktüren verstecken. In Japan, wo die Zen-Philosophie der Besitzlosigkeit entstand, gibt es ein ähnliches Paradox. Die Japaner haben die aufwändigste Geschenkkultur der Welt, und sie sind besonders wild darauf, die neuesten technischen Wunderwerke zu besitzen. Folglich sind viele japanische Wohnungen der Beweis für den Zwiespalt zwischen dem Streben nach räumlicher Ruhe und der Notwendigkeit, wachsende Berge von Krimskrams unterzubringen.

Eins ist sicher: kleine Wohnungen und Mengen von Krimskrams vertragen sich nicht. Wem es gelingen will, sich in einer kleinen Wohnung komfortabel einzurichten, muss ein gewisses Maß an Selbstdisziplin walten lassen. Wenn Sie von Natur aus ordentlich sind und das Einkaufen nicht zu Ihren Lieblings-Freizeit-

beschäftigungen gehört, haben Sie gute Voraussetzungen.

Das eigentliche Geheimnis ist aber nicht der eiserne Wille, Spontankäufe zu vermeiden oder die Sockenschublade endlich auszuräumen – das Geheimnis ist Einfachheit. Damit ist gemeint, auf Überflüssiges zu verzichten und sich bewusst nur mit Sachen zu umgeben, die tatsächlich ihrem Zweck dienen. Eine wichtige Hilfe bieten Organisationssysteme, die logisch aufgebaut und unkompliziert zu gebrauchen sind.

Ausmisten

Der erste Schritt zur guten Organisation ist das Aussortieren von Überflüssigem. Als ich vor Jahren einmal in meinem ehemaligen Geschäft in Manhattan stand, kam eine ziemlich wild aussehende Frau herein, marschierte durch den Laden und sammelte allerlei Aufbewahrungsutensilien zusammen. »Als ich heute aufwachte, habe ich beschlossen, mich besser zu organisieren«, verkündete sie. Ich konnte mir nicht helfen, aber ich hatte das Gefühl, sie zäumte das Pferd vom falschen Ende auf, wenn sie zu diesem Zweck noch mehr Krimskrams nach Hause trug.

Das Ausmisten sollte eigentlich einfach sein, aber das ist es natürlich nicht. Ich bin ein Kriegskind, aufgewachsen in einer Zeit außergewöhnlicher Entbehrungen. Und darum hasse ich Verschwendung und habe große Schwierigkeiten, Dinge wegzuwerfen. Gleichzeitig finde ich offene, luftige Räume ausgesprochen angenehm – folglich muss etwas geschehen.

Nicht jeder, der sich von Dingen nicht trennen kann, muss einen Krieg erlebt haben. Das Hamstern und Horten ist eine instinktive Reaktion, wenn wir uns bedroht oder unsicher fühlen. Es hat eine psychologische Schutzfunktion für möglicherweise drohende Notzeiten in der Zukunft. In unserer materialistischen Gesellschaft ist das Anhäufen von Besitztümern teilweise Selbstzweck. Wir brauchen diese Dinge, um uns zu definieren und um anderen Menschen unseren Status zu verdeutlichen. Viele Menschen lieben es aber auch einfach, Dinge zu besitzen, die lange Gedankenketten auslösen oder an bestimmte Erinnerungen geknüpft sind.

Irgendwann kommt man jedoch an den Punkt, wo diese Dinge die Oberhand gewinnen. Dinge führen zu weiteren Dingen. Man braucht Dinge, um Dinge zu verstauen, Dinge, um Dinge zu pflegen, Dinge, die zu anderen Dingen passen. Man muss nicht in einer kleinen Wohnung leben, um unter den Auswirkungen solcher Ansammlungen zu leiden. Wenn der Platz knapp ist, erreicht man die Sättigungsgrenze einfach schneller als wenn man einen Dachboden hat, wo man all die Dinge stapeln kann.

Unnötiger Krimskrams braucht Platz. Wenn Sie nur ein Drittel Ihres Kleiderschrankinhalts wirklich regelmäßig tragen, haben Sie zwei Drittel Ihres Stauraums verschenkt. Wenn Ihr halber Aktenschrank mit Papier gefüllt ist, das Sie eigentlich wegwerfen könnten, bräuchten Sie eigentlich nur halb so viele Schubladen. Wer Krimskrams abschafft, gewinnt den Platz, den er vorher eingenommen hat – das ist eine ganz elementare räumliche Rechnung.

Krimskrams ist aber nicht nur Platzverschwendung. Je mehr Dinge Sie haben, umso mehr Zeit brauchen Sie, um sich darum zu kümmern. Und nach ihnen zu suchen. Wenn alle Schubladen bis zum Stehkragen vollgestopft sind, ist die Chance gering, etwas auf Anhieb zu finden. Darum besitzen viele Menschen bestimmte Dinge gleich doppelt oder dreifach.

Ich amüsiere mich zwar über das Berufsbild des »Aufräum-Beraters«, die das Ausmisten für andere Menschen übernehmen. Andererseits muss ich zugeben, dass das Sichten all der angesammelten Besitztümer allerlei unangenehme Gefühle auslöst. Da ist immer diese nagende Sorge, ob man den einen oder anderen Gegenstand nicht vielleicht doch später noch einmal braucht. Manchmal fürchtet man auch, Menschen zu beleidigen, wenn man sich von ihren Geschenken trennt. Vielleicht hat man ein schlechtes Gewissen, weil man viel Geld für Kleidung ausgegeben hat, die einem nun doch nicht gefällt oder nicht passt, oder für eine Sportausrüstung, die man nicht benutzt, für Bücher, die man nie gelesen hat und wohl auch nie lesen wird. Aufräum-Berater gibt es hauptsächlich darum, weil man

Unten: Man kann in einem Raum eine Menge Dinge unterbringen, ohne dass das Gefühl von Weite verloren geht. Dafür sollte man Stauraum in einem ganzheitlichen, beinahe architektonischen Sinn betrachten. Dieses Bücherregal fasst eine ganze Bibliothek, ist aber optisch eine Einheit.

diese emotionalen Knoten so schlecht allein lösen kann.

Sind die Knoten dann aber endlich gelöst, ist das Gefühl ungemein befreiend. Wer sich an Dinge klammert, lebt ständig mit einem Bein in der Vergangenheit. Wer Dinge loslässt, gewinnt Bewegungsfreiheit, um neue Richtungen einzuschlagen. Ich habe vor kurzem in meinem Haus auf dem Land gründlich ausgemistet und war fasziniert, wie während dieser Arbeit die ganze Atmosphäre zu leben begann. Dieses Gefühl war ungemein hilfreich in den unentschlossenen Momenten, in denen ich schwankte, einen Gegenstand zurück ins Regal zu stellen oder doch in den Müll zu werfen.

Gegenüber: In kleinen Wohnungen ist versteckter Stauraum vor allem für Gegenstände, die nicht sonderlich attraktiv sind, besonders wichtig. Hier verschwindet eine Wand voller Einbauregale hinter einfachen Holzschiebetüren im japanischen Stil, die mit Reispapier bespannt sind.

Was kann weg?

Die beste Entscheidungshilfe beim Ausmisten einer Wohnung ist eine oft zitierte goldene Regel von William Morris: »Man sollte nichts im Haus haben, dessen Nutzen man sich nicht sicher und von dessen Schönheit man nicht überzeugt ist.« Natürlich sind Schönheit und Nutzen sehr subjektive Eigenschaften. Die Gegenstände jedoch, die in die folgenden Kategorien fallen, nehmen häufig nur Platz ein, ohne etwas Positives zum Leben beizutragen:

- Dinge, die Schuldgefühle verursachen. Ungeliebte Geschenke sind ein typisches Beispiel; ebenso Kleidung, die nicht mehr passt oder noch nie richtig gepasst hat; Bücher, die zu lesen man nie geschafft hat; ebenso Spontankäufe, die man schon in dem Augenblick bereut hat, als man das Geschäft verließ. Es ist erstaunlich, wie schnell das Schuldgefühl verfliegt, wenn man sich die betreffenden Gegenstände erst einmal aus den Augen geschafft hat.
- Dinge, die abgenutzt, seit langer Zeit defekt oder schon durch einen neuen Nachfolger ersetzt worden sind. Ich bin ein überzeugter Anhänger der Wiederverwendung und würde ein altes Paar Schuhe lieber zum Schuster bringen als ein neues zu kaufen. Man muss heutzutage aber akzeptieren, dass im Konsumprozess schon wegen des Tempos der technischen Entwicklungen ein gewisser Grad an Verschwendung unvermeidlich ist. Wenn etwas schon lange defekt ist, kann es gut sein, dass man keine Ersatzteile mehr dafür bekommt. Und wenn man so lange ohne den entsprechenden Gegenstand ausgekommen ist, dann kann er ja nicht so wichtig sein.
- Dinge, die man selten gebraucht. Auf der einen Seite gibt es Gegenstände, die man nur zu bestimmten Zeiten benutzen kann, beispielsweise Weihnachtsbaumschmuck. Andere Gegenstände benutzt man einfach viel seltener, als man im Moment des Kaufs angenommen hat. Jeder kennt solche kurzlebigen Begeisterungen, sei es fürs Eislaufen oder für die Eisherstellung. Wenn die Begeisterung dann verblasst, ist es Zeit, sich auch von der dazugehörigen Ausrüstung zu trennen. Viele Küchengeräte fallen in diese Kategorie. Vor allem in engen Küchen sollte jedes Stück seine Existenzberechtigung haben. Oft ist eine leere Arbeitsfläche günstiger als eine Maschine, die viel Platz einnimmt und Routinearbeiten letztlich nur wenige Sekunden schneller erledigt, als man es von Hand könnte.
- Dinge, die man für schlechte Zeiten aufbewahrt. Viele Menschen haben ein merkwürdiges Zwangsverhalten, Dinge von geringem Gebrauchswert zu sammeln, beispielsweise Plastiktüten oder Gummibänder. Das ist ja schön und gut, wenn man diese Dinge dann auch wieder benutzt, wird aber problematisch, wenn Sparsamkeit zum Sammeltick wird. Eine Familie entdeckte beim Auflösen des Haushalts einer älteren Verwandten eine Reihe von Kästen, in denen Bindfadenabschnitte nach Länge sortiert aufbewahrt wurden. Auf einem Kasten stand »Bindfaden, zu kurz zum Aufbewahren«. Ich liebe exzentrische Menschen, aber das geht doch etwas zu weit.
- Papierspuren, die ins Nichts führen. Die Redensart, dass man manche Dinge nur lange genug liegen lassen muss, damit sie sich von allein erledigen, trifft auf Papier häufig zu. Trennen Sie sich von alten Kontoauszügen; von Quittungen, Garantieunterlagen und Gebrauchsanweisungen für Geräte, die Sie gar nicht mehr besitzen; von alten Zeitungen, Zeitschriften und Broschüren.

Jede Jahreszeit eignet sich für einen Frühlingsputz. Man muss sich aber auch bewusst sein, dass die Auswirkungen nur eine begrenzte Zeit vorhalten. Mit etwas Übung werden Sie entdecken, dass Sie ein kritisches Bewusstsein gegenüber dem Aufbewahren schon früher entwickeln, manchmal sogar vor dem Kauf. Fragen Sie sich: »Will ich das wirklich haben? Brauche ich es? Werde ich es benutzen? Und wo werde ich es aufbewahren?«

evian
Supermarket
Wine Merchant
of the year.

Oben: Dieses Hochbett bietet ein enormes Potenzial für eingebauten Stauraum: Ausziehbare Kleiderständer und Regale fassen große Mengen Kleidung, selbst die Stufen zum Bett werden als Regalfächer genutzt.

Ordnungssysteme

Haben Sie sich erst einmal von allem Überflüssigen befreit, folgt der nächste Schritt. Was geblieben ist, muss ordentlich und leicht zugänglich aufbewahrt werden. Beide Gesichtspunkte sind gleichermaßen wichtig, denn ein System ist nur sinnvoll, wenn es auf Ihre spezifischen alltäglichen Anforderungen zugeschnitten ist.

Im Hinblick auf die Zugänglichkeit sollten Sie Ihre Habe in eine Art Hierarchie bringen. Auf den ersten Blick mag es vernünftig erscheinen, alles, was man in der Küche benutzt, auch dort unterzubringen, ebenso wie Kleidung vordergründig in den Kleiderschrank gehört. Oft wird der Platz aber besser ausgenutzt, wenn man selten oder nur zu bestimmten Jahreszeiten benutzte Dinge an einem anderen Ort verstaut. Große Platten und Bräter, die man nur für den Weihnachtsbraten verwendet, könnte man zum Weihnachtsbaumschmuck packen. Der geringe Aufwand, sie einmal im Jahr hervorzuholen, lohnt sich für den Platzgewinn in der Küche das ganze Jahr über unbedingt. Man könnte für die Kleidung ein Rotationsprinzip einführen und die Winterkleidung über Sommer wegräumen. Rechnungen und Akten, die über einige Jahre aufbewahrt werden müssen, sollten auch keinen Platz am täglich benutzten Schreibtisch einnehmen.

Ordnung und Übersicht sind in einer kleinen Wohnung besonders wichtig. In der Praxis bedeutet das, den Fußboden möglichst frei zu halten und maßgenaue Stausysteme einzubauen. In Regalwänden und Einbauschränken kann man erstaunlich viel unterbringen, ohne dass das Gefühl von Geräumigkeit verloren geht. Fängt man aber an, Dinge auf dem Fußboden zu stapeln, ist das schöne Wohngefühl bald dahin. Eingebauter Stauraum ermöglicht es, die baulichen Vorgaben optimal zu nutzen und eine einheitliche und übersichtliche Umgebung zu schaffen. Traditionelle, frei stehende Staumöbel wie Kleiderschränke, Sideboards oder Kommoden neigen dazu, sich in den Raum vorzudrängen und dadurch Grundrisse und Wege unnötig zu komplizieren.

Wie man sich denken kann, war Le Corbusier ein großer Verfechter von Einbauschränken. Er empfahl, die meisten Möbel, die ohnehin teuer sind, viel Platz einnehmen und Pflege brauchen, durch Einbauten zu ersetzen. Sein Stauraum-Idealmodell war der Schrank »Innovation«, dessen kompaktes, maßgeschneidertes Inneres ebenso funktional war wie die modernen Flugzeuge und Autos, die der Architekt so bewunderte. Auf ähnliche Weise kann man in kleinen Wohnungen flexiblen Stauraum gestalten, indem man Ideen aus der Industrie- oder Geschäftseinrichtung übernimmt: Aktenschränke, Rollcontainer, robuste Metallregale oder Kleiderständer.

Wo nur wenig Raum zur Verfügung steht, scheinen Einbauschränke auf den ersten Blick Platzverschwendung zu sein. Verbannt man aber all die Habseligkeiten auf einen beschränkten Bereich, wird der Rest der Wohnung beträchtlich entlastet.

Ein gutes Beispiel ist der separate Ankleidebereich. Baut man Schränke und Aufhängemöglichkeiten in einen Vorraum oder einen Durchgang zwischen Bad und Schlafzimmer ein, muss man nur relativ wenig Bodenfläche opfern, und doch können beide angrenzenden Räume erheblich dadurch gewinnen. Ebenso ist eine ganze Wand voll

Links: Stauraum ist vor allem in der Küche wichtig, wo viele Vorräte, Geräte und Utensilien zur Hand sein sollen. Weil sich aber auch hier im Lauf der Zeit allerlei Krimskrams ansammelt, sollte es zu den Platz sparenden Gewohnheiten gehören, ab und zu die Bestände einmal gründlich zu sichten.

Oben: Auch unter den Bänken im Essbereich lässt sich vieles verstauen.

eingebauter Schränke und Schubladen eine saubere und sinnvolle Lösung für eine Vielzahl von Alltagsgegenständen.

Die besten Ordnungssysteme bieten auch noch Platz für Wachstum und Veränderung. Bücherregale, die nicht vollgestopft sind, oder Schubladen, die nicht überquellen, tragen ebenso zum Gefühl der Geräumigkeit bei wie andere, offensichtlichere Faktoren. Wenn man sich durch ein Ordnungssystem genötigt fühlt, jedes Stück nach Gebrauch an seinen Platz zu legen, wird das System zur geistigen Zwangsjacke. Damit man sich in seiner Umgebung wohl fühlen kann, muss man von Zeit zu Zeit auch einmal Unordnung machen dürfen.

Unten links: Ein maßgetischlertes Regal für eine umfangreiche CD- und Schallplattensammlung, praktisch auf Augenhöhe gehängt.

Unten, Mitte und rechts: Diese Metallregale verdoppeln den Stauraum. Solche Systeme werden auch in Bibliotheken verwendet.

Regale

Regale sind die ideale Lösung zum Aufbewahren von verschiedenen Habseligkeiten, beispielsweise Bücher, CDs, Videocassetten, Küchenvorräte, Akten und Unterlagen. All dies sind Dinge, die man zu Gruppen zusammenfassen und senkrecht stellen oder stapeln kann. Offene Regale können zwar etwas unruhig wirken, haben aber den Vorteil, dass man den Inhalt auf einen Blick sieht. Damit sie nicht zu dominant wirken, sollte ringsum reichlich »Luft« frei bleiben.

Am besten geht man mit Regalen großzügig um und zieht sie über die ganze Breite einer Wand oder füllt eine Nische von oben bis unten. So wirken sie viel geschlossener als einzeln im Raum verteilte Grüppchen. Wie bei allen anderen maßgenauen Möbeln ist es wichtig, die Regale exakt auf ihren geplanten Inhalt abzustimmen. Die erforderliche Länge lässt sich ermitteln, indem man einfach nachmisst, wie viele Bücher oder Schallplatten man besitzt. Natürlich muss man auch die Höhen der verschiedenen Gegenstände berücksichtigen, damit die Fachabstände entsprechend gewählt werden können. Optisch ist es geschickter, große, schwere und hohe Gegenstände auf den unteren Böden unterzubringen, wo man sie auch leichter herausnehmen kann. Schmale Böden sind günstig für kleine Dinge, die ansonsten leicht nach hinten geschoben und dann übersehen werden. Gläser verstaut man am besten nur in Zweierreihen, ebenso Gewürze und Kräuter, die man problemlos überblicken möchten. Die Regalfläche sollte unbedingt großzügig bemessen sein, damit Platz für Wachstum bleibt. Vollgestopfte Regale wirken oft unangenehm überladen.

Die Konstruktions- und Befestigungselemente sollten möglichst unauffällig sein. Streicht man Regale in der gleichen Farbe wie die Wände, fallen sie weniger auf. Für optisch sehr leichte Regale über den Küchenarbeitsplatten eignet sich auch Hartglas gut. Wo nur ein einzelnes Bord benötigt wird oder die Abstände sehr groß sein sollen, empfehlen sich als besonders elegante Lösung Systeme mit versteckter Aufhängung, die frei an der Wand zu schweben scheinen.

Rechts: Stauraum oder Präsentationsmöbel? Ron Arads »Bookworm«, ein schlangenlinienförmiges Metallregal, zeigt sich hier in der Wohnung seines Schöpfers von der dekorativen Seite.

Oben: Fahrräder unterzubringen ist oft ein Problem. Eine Möglichkeit besteht darin, sie mit Hilfe von Flaschenzügen unter der Decke aufzuhängen.

In praktischer Hinsicht kommt es bei Regalen vor allem darauf an, dass Befestigung, Material, Länge und Stärke für die geplante Belastung geeignet sind. Massive gemauerte Wände können größere Gewichte tragen als Leichtbauwände. Winkel oder senkrechte Schienen müssen aber in jedem Fall sicher mit Dübeln und Schrauben befestigt werden. Dickere Regale können längere Strecken überspannen, ohne sich zu biegen. Unter den Plattenwaren ist MDF besonders für den Regalbau geeignet.

Die Vorderkante solcher Platten kann man mit einer dicken Holzleiste einfassen, um für zusätzliche Stabilität und ein edleres, massiveres Ausehen zu sorgen. Manche Leute halten verstellbare Regale für besonders flexibel und vorteilhaft. Ich habe aber noch nie jemanden kennen gelernt, der seine Regale ausgeräumt und umgehängt hat, nachdem sie einmal befestigt waren.

Platz zum Hängen

Eine weitere Möglichkeit, den Boden frei zu halten, besteht im Aufhängen von Dingen. Die einfachste Lösung für diesen Zweck sind die schmucklosen Hakenleisten der Shaker. Die Shaker hängten vom Besen bis zum Stuhl alles auf. Daran wird deutlich, dass sie Besitztümer ausschließlich als praktische Werkzeuge betrachteten, die für einen bestimmten Zweck, aber nicht zum Vorführen gedacht waren. Man benutzte, was man brauchte, und hängte es anschließend wieder auf.

Das Aufhängen ist eine sinnvolle Aufbewahrungsweise für alle Dinge, die man gern schnell zur Hand haben möchte. In der Küche sind Schienen und Stangen praktisch für Töpfe, Pfannen und andere Küchenutensilien, die man täglich benutzt. Mäntel, Hüte, Jacken und andere Oberbekleidung findet man schneller, wenn sie an nebeneinander angebrachten Haken aufgehängt sind. Auf Kleiderständern entsteht leicht ein unübersichtliches Durcheinander. Fahrräder kann man an stabile Winkel hängen, damit sie in Fluren und Dielen nicht im Weg stehen. Man kann auch flache Haken an den Innenseiten von Schranktüren anbringen und dort flache Gegenstände wie Handtücher, Krawatten, Schals oder Topfdeckel aufhängen.

In kleinen Wohnungen wirken solche Hängeplätze leicht recht unordentlich, ganz gleich, wie aufgeräumt die übrige Wohnung ist. Außerdem werden offen aufbewahrte Gegenstände schnell schmutzig und staubig, wenn man sie nicht regelmäßig benutzt. Vor allem für Kleidung sind geschlossene Aufbewahrungssysteme günstiger, weil sie durch die Einwirkung von Licht mit der Zeit ausbleicht. Abgesehen von Wollkleidung, die sich aushängen kann, und kleinen Teilen wie Unterwäsche bringt man die meisten Kleidungsstücke am besten hängend unter. Ideal ist ein Kleiderschrank mit zwei übereinander montierten Stangen, in dem die Garderobe in Etagen aufgehängt werden kann. Das ist besonders praktisch, wenn der Platz knapp ist, wo beispielsweise nur eine Nische zur Verfügung steht. Solche Einbauschränke kann man mit ganz schlichten Türen verschließen, die in der Wandfarbe gestrichen werden, aber auch mit Rollos, Jalousien oder Papierschirmen. Schiebetüren schlagen nicht in den Raum und brauchen noch weniger Platz.

Kisten und Kästen

Das Aufbewahren von Gegenständen in Kästen, Schubladen oder Containern hat einen sehr elementaren Reiz. Das Vergnügen am Besitz besteht teilweise darin, ihn an einem sicheren Platz zu verstauen. (Freud hatte dazu einiges zu sagen.) Solche Behältnisse haben zweierlei praktischen Nutzen. Sie gesellen sich gern zu Artverwandten, und sie schlucken enorme Mengen an Krimskrams.

Außerdem kann man sie auch ineinander stapeln und so bestimmte Gruppen von Dingen sortieren. Der Besteckkasten, der exakt in eine Schublade passt, ist ein gutes Beispiel.

Rechts: Fahrräder mögen ja recht interessant anzusehen sein, doch sie brauchen sehr viel Platz. Im Flur geparkt bilden sie oft ein unangenehmes Hindernis. Hier sind zwei Fahrräder aufrecht gestellt und wirken dadurch fast wie eine moderne Skulptur.

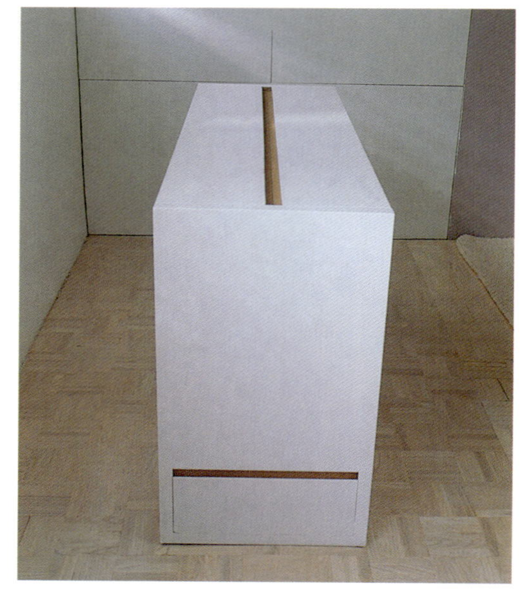

Oben und rechts: Kinder und Ordnung sind von Natur aus schwer vereinbar. Es lohnt sich dennoch, Kindern feste Plätze anzubieten, wo sie ihre Habseligkeiten aufbewahren können. Dieses pfiffige Möbel lässt sich aufklappen, um hängende Kleidchen herauszunehmen. Die Klappen dienen als Fläche für allerlei Spiele.

Aufbewahrungsboxen gibt es in vielen Größen und verschiedenen Varianten, von robuster Pappe über Plastik und Textil bis zu Leder. Eine Gruppe von Kästen und Ablageschubladen kann einen chaotischen Schreibtisch in einen diskreten, übersichtlichen Arbeitsplatz verwandeln. Videobänder, Cassetten und CDs, die in einem Wohnraum sehr unruhig wirken können, sind in passenden Kästen ebenfalls gut untergebracht. Schlichte Kommoden oder Schubladencontainer erfüllen den gleichen Zweck.

Solche Kisten und Kästen erlauben auch die Nutzung von eigentlich ungünstigen Staubereichen. Flache Kästen auf Rollen kann man unter das Bett schieben und darin Schuhe, Bettwäsche oder dicke Winterpullover staubgeschützt aufbewahren. Unter der Treppe ist Platz für Elemente mit ausziehbaren Körben oder Schubladen, die sich zum Verstauen von Sportzubehör oder Haushaltsutensilien eignen.

Man sollte die Lust an Kisten und Kästen aber nicht übertreiben. Schuhregale mit Einzelfächern oder Schubladen-Organiser, in die Socken und Unterhosen einzeln einsortiert werden, verursachen häufig zusätzliche Arbeit, statt das Aufräumen einfach und benutzerfreundlich zu gestalten. Das andere Extrem besteht darin, einen Berg unsortierter Dinge einfach in eine Kiste zu stopfen. Diese »Aus den Augen, aus dem Sinn«-Mentalität ist natürlich auch keine Lösung.

Modulsysteme

Aufeinander abgestimmte Küchen- und Aufbewahrungssysteme, die man nach Bedarf und Belieben kombinieren kann, bieten viel Stauraum und sorgen auf engem Raum für optische Kontinuität.

Solche Systeme werden meist in Standardmaßen gefertigt. Für Küchen ist beispielsweise 60 cm ein übliches Maß, weil es der Breite von Haushaltsgroßgeräten entspricht. Um nun den vorhandenen Platz voll aus-

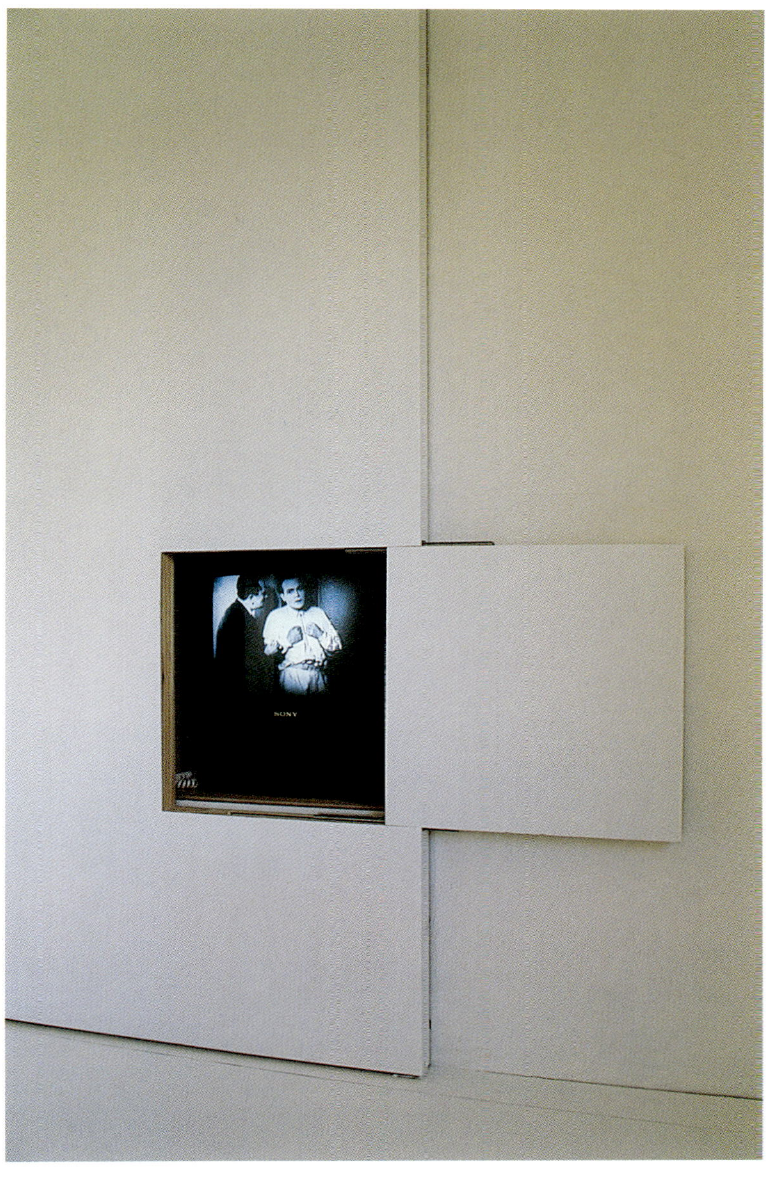

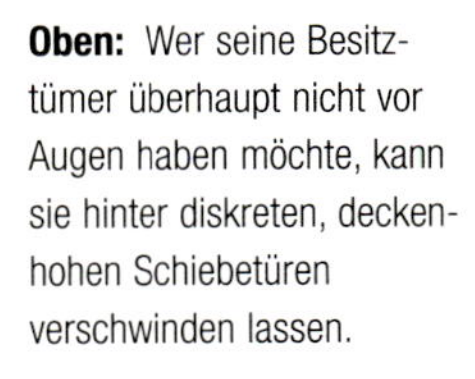

Oben: Wer seine Besitztümer überhaupt nicht vor Augen haben möchte, kann sie hinter diskreten, deckenhohen Schiebetüren verschwinden lassen.

Oben, links und rechts: Hinter der hohen Schiebetür verbirgt sich der Kleiderschrank. Schiebt man ein kleines, eingesetztes Feld zurück, wird nur der Fernseher freigelegt.

Unten: Unter dem Bett ist viel Platz zum Aufbewahren von allerlei Dingen: Schuhen, Bettwäsche, dicken Pullovern. In diesem Zimmer wird das Stauraumkonzept konsequent fortgeführt. Zu den großen Schubladen unter dem Bett passen die Einbauschränke und das Regal des Bettumbaus.

Unten rechts: Je höher das Bett, umso mehr Stauraum lässt sich darunter schaffen.

zunutzen, muss eventuell ein maßgeschneidertes Element hinzugefügt werden. Flexibel werden diese Module durch verstellbare Regale und ausziehbare Körbe im Inneren.

Die preiswertesten Einbaumöbel auf dem Markt sehen meist auch billig und unattraktiv aus. Man kann aber den simplen Korpus durchaus mit anderen Türen, Schubladenfronten und Griffen aufwerten. Auf die gleiche Weise lassen sich auch vorhandene Kücheneinbauten oder Kleiderschränke aufmöbeln.

Einbaumöbel wirken oft schwer und wuchtig, sie können kleine Räume optisch erdrücken. Eine einfache Lösung besteht darin, die Sockelleiste abzumontieren, sodass die Beine sichtbar werden: dann scheinen die Schränke über dem Boden zu schweben. Alternativ kann man die Sockelblende ein Stück nach hinten verschieben und so vermeiden, dass sich Schmutz unter den Möbeln sammelt.

Schlichtheit und Funktion

Ich bin ein ausgesprochener Fan der ironischen Cartoons von Heath Robinson. Zu meinen liebsten Cartoons gehört »Wie lebt man in einer Wohnung?«. Er zeigt ein Paar, das an einem Tisch sitzt, »versorgt« mit einem komplizierten System aus Drähten, Hebeln und Flaschenzügen – eine gelungene Satire auf die Ängste von Menschen angesichts der Notwendigkeit, auf kleinem Raum zu leben. In Heath Robinsons Cartoons schießt das Genie stets über das Ziel hinaus.

Als ich vor Jahren in einer recht kleinen Wohnung lebte, schlug ich beinahe die gleiche Richtung ein. Um Platz zu gewinnen, hängte ich einen Tisch mit Flaschenzügen auf, damit man ihn an die Decke ziehen konnte, wenn er nicht benötigt wurde. Leider musste man dann aber von einer unruhigen Schaukel essen, sodass ich einen Sockel baute, um ihn zu stabilisieren. Dadurch ging die Grundidee natürlich weitgehend verloren. Die Geschichte erinnert mich an den abgedroschenen Witz vom Klappbett, das immer in den unpassendsten Momenten hochklappt und seine nichts ahnenden Benutzer im Schrank einsperrt.

Oben links und rechts: Einige Hersteller bieten Kompaktküchen aus einem Guss an, Spüle, Herd, Abzugshaube und Schränke inbegriffen, die im Ganzen aufgestellt und nur noch angeschlossen werden müssen. Dieses Modell mit den Sichtschutz-Falttüren ist ein gutes Beispiel für gelungene Ergonomie.

Links und unten: Enger geht es kaum. Das Bett ist in einer keilförmigen Ecke direkt neben dem Waschbecken eingebaut, das unter einer Holzklappe verschwindet. Hinter einer Tür unter dem Fußende versteckt sich die Waschmaschine.

Oben und ganz oben:
Klappbetten sind heutzutage dekorativ und robust. Böse Überraschungen sind nicht zu erwarten.

Kleine Wohnungen verlangen ein gewisses Maß an Einfallsreichtum, doch sollten geniale Ideen auch funktionieren. Wirklich gute Raumsparer sind Klapp- oder Ausziehlösungen, beispielsweise das Bügelbrett, sich aus einer Küchenarbeitsplatte ausziehen oder einem Schrank ausklappen lässt, der ausziehbare Tisch oder der Sitz an der Wand, der bei Bedarf einfach heruntergeklappt wird. Moderne Klappbetten sind mit sicheren Wandhalterungen, ausgewogenen Federmechanismen und Arretierungen ausgestattet und bergen kaum noch das Risiko böser Überraschungen.

Sehr pfiffig und praktisch sind auch Vielzweckmöbel. In den letzten Jahren haben sich die Designer zunehmend mit »Verwandlungsmöbeln« beschäftigt. Solche Stücke stellen die klassischen Möbel-Stereotypen in ähnlicher Weise in Frage wie offene Wohnmodelle an traditionellen Raumkonzepten rütteln. Ein gutes Beispiel ist Tom Dixons Lampe »Jack«: Eine Lampe, auf der man sitzen kann – oder ein Sitz, der leuchtet. Wandlungsfähige Couchtische oder ausziehbare Riesenschubladen, die als Stauraum oder sogar Bett fungieren, sind weitere Lösungen. Solche Vielzweckmöbel werden allerdings manchmal keinem ihrer Zwecke wirklich optimal gerecht. Preiswerte Sofabetten sind in vielen Fällen weder zum Sitzen noch zum Schlafen wirklich bequem. Eine bessere und ähnlich Platz sparende Lösung könnte darin bestehen, ein bequemes Sofa zu kaufen und dazu ein Futon, das tagsüber zusammengerollt und außer Sicht verstaut wird. Möglich wäre auch ein bequemes Bett, das mit schönen Decken und Kissen tagsüber in eine Sitzgelegenheit verwandelt wird.

Echte Vielseitigkeit entsteht oft durch eine unkomplizierte Herangehensweise. Man braucht kein separates Geschirr für Kaffee und Tee, Allzwecktassen reichen völlig aus. Feuerfeste Schalen und Formen machen

Gegenüber Mitte: Multifunktionale Möbel sind ein relativ neues Versuchsfeld der Designer. Der »Sofatisch« von Huzefa Mongan, dessen Polster auch als separate Sitzkissen benutzt werden können, ist ein Beispiel für gelungene Schlichtheit.

Links: Wie eine Origami-Arbeit lässt sich dieses Modell »Tisch = Kommode« von Tomoko Azumi vom länglichen Couchtisch in einen hohen Nachtschrank oder Beistelltisch verwandeln. Und zwei Schubladen hat er auch noch.

1000 chairs
ELLSWORTH KELLY

spezielles Serviergeschirr überflüssig. Ein schlichter Tisch eignet sich gleichermaßen als Ess- und Schreibtisch. Einfache Klappstühle können zum Essen oder Arbeiten schnell hervorgeholt werden, mit einem Griff stehen sie auch im Freien. Dicke Bodenpolster lassen sich zu bequemen Sitzmöbeln stapeln oder als Schlafplatz ausbreiten. Hocker eignen sich als Sitzgelegenheit Beistelltisch oder Nachttisch für Buch und Leselampe. Sitzelemente, die man herumschieben und unterschiedlich kombinieren kann, bieten viel Flexibilität, während ein großes Sofa sehr dominant wirken kann. Manche Menschen versuchen, kleine Räume wie maßstäblich verkleinerte Kopien größerer Interieurs einzurichten, doch entsteht dadurch leicht das unbehagliche Gefühl, in einem Puppenhaus

Gegenüber: In das Podest für Küche und Essbereich sind große Schubladen eingebaut. Je nahtloser solche Lösungen gestaltet sind, um so besser wirken sie.

Unten: Weil heute kaum noch jemand ausreichend Platz hat, um ein separates Gästezimmer einzurichten, können Übernachtungsgäste zum Problem werden. In ein Podest kann man sogar eine Schublade von der Größe einer Matratze einbauen.

Unten rechts: Für Imelda Marcos und andere Menschen mit bedrohlich großen Schuhsammlungen eignet sich diese unkonventionelle Aufbewahrungsidee: Regale, die aus dem Boden hochgezogen werden.

Oben: Verstauen und vorzeigen. Schöne Stücke wie Geschirr oder Tischwäsche muss man nicht verstecken. Bleiben sie sichtbar, entsteht eine angenehm lässige und behagliche Atmosphäre.

Oben rechts: Ein leuchtend blaues Paneel aus bemalter Künstlerleinwand lässt sich verschieben, um Fernseher und Kamin frei zu geben. Unterhaltungselektronik kann vor allem in kleinen Räumen sehr aufdringlich wirken.

Rechts: Breite Leisten tragen eine Sammlung gerahmter Fotos. So kommen die Bilder interessanter zur Geltung, als wenn sie gleichmäßig im Raum verteilt wären.

zu wohnen. Schlichte, anpassungsfähige Möbel andererseits bewahren den Charakter von Räumen ohne Einbußen in Funktion und Bequemlichkeit.

Nur im Bereich der Technik ist der Trend zu Kleinformaten erfreulich. Moderne Laptops sind so leistungsfähig, dass eine große Arbeitsfläche, die von einem Computermonitor beherrscht wird, kaum mehr nötig ist. Für den Klang eines Konzertsaales braucht man auch keine gewaltigen Lautsprecher und Verstärker mehr. Superflache Fernseher bedeuten möglicherweise bald das Ende des wuchtigen Glotzkastens im Wohnzimmer. Die programmierbare Wohnung mit digitaler Steuerung für Alarmsystem, Heizung, Beleuchtung und Musik ist kein Thema für Science Fiction mehr. Zwar sind diese ausgeklügelten Technologien noch sehr teuer, doch kann sich für eine Verbesserung der Wohnqualität so manche Investition lohnen.

Präsentation

Was aus einem Haus ein Zuhause macht, sind die persönlichen Dinge, die um ihrer selbst geliebt werden. In kleinen Wohnungen steht meistens die Funktion im Vordergrund, auf überflüssige Gegenstände muss weitgehend verzichtet werden. Das bedeutet aber nicht, dass man in einer Klosterzelle leben muss. Bilder, Blumen, Fotos und Erinnerungsstücke sind zwar nicht für den Haushalt notwendig, wohl aber für Geist und Seele.

Für die Gestaltung kleiner Räume lassen sich viele Ideen des Minimalismus übernehmen. In Bezug auf die kompromisslose Forderung nach absolut leeren Wänden jedoch kann ich mit den Minimalisten nicht konform gehen, denn für mich gibt es auch den Punkt des »Weniger ist weniger«. In einem leeren Raum ohne jegliche Dekoration wird alles, was zufällig herumliegt, zwangsläufig zum Blickfang erster Ordnung. Das mag ja reizvoll sein, wenn es sich um ein edles Kunstwerk handelt, doch eine Zahn-

Oben: Wer auf kleinem Raum lebt, muss dennoch nicht alle Lebenszeichen außer Sicht verbannen. Fasst man Bilder oder andere dekorative Objekte zu geschlossenen Gruppen zusammen und lässt ringsherum reichlich »Luft«, können kleine Wohnungen sehr behaglich und trotzdem übersichtlich wirken. Wer sehr viele dekorative Lieblingsstücke hat, könnte sie turnusmäßig austauschen und abwechselnd präsentieren. Durch diesen Wechsel bekommt auch das Interieur eine zusätzliche Lebendigkeit und Vitalität.

bürste oder ein Staubtuch ist weitaus weniger ansprechend.

In kleinen Räumen geht es vor allem um ein Gleichgewicht zwischen der beruhigenden, überschaubaren Ordnung und den Details, die dem Raum Leben und individuellen Charakter geben. Le Corbusier empfahl, alle Bilder in einem Schrank aufzubewahren, sodass man jeweils eines zur Zeit hervorholen und präsentieren konnte. Einem ähnlichen Konzept folgen traditionelle japanische Wohnungen, in denen eine spezielle Nische für die

Links: Zieht man eine Wand ein Stück in den Raum vor, entsteht dahinter Platz für ein schmales, offenes Regal. Solche durchdachten Lösungen sind ebenso praktisch wie dekorativ.

Oben: Eine überflüssige Tür wurde in eine praktische Regalnische für schönes Geschirr verwandelt.

Oben und links: Ein frei stehendes Regalelement bietet viel Stauraum und trennt zugleich den Arbeitsplatz vom Rest der offenen Wohnung ab. Durch die halb transparenten, farbigen Felder fällt gedämpftes Licht, sodass der Raumteiler nicht wie eine kompakte Wand, sondern wie ein Dekorationselement wirkt.

Oben und gegenüber: Klein ist nicht gleichbedeutend mit streng funktional. Platz für persönliche Schätze ist immer vorhanden, ob es nun Bilder, Keramiken, alte Kinosessel oder schöne Kieselsteine von einem Strandspaziergang sind.

Meditation reserviert ist – ausgestattet meist mit einem niedrigen Tisch, einer Vase oder einem Topf mit Chrysanthemen.

Das soll nicht heißen, dass Sie nur ein Stück zur Zeit präsentieren dürfen. Häuft man jedoch an den Wänden und auf den Tischen allzu viele Dinge an, wirkt ein Raum kleiner, auch wenn er ansonsten noch so geschickt eingerichtet ist. Eine gute Lösung ist ein Präsentationsbereich, in dem Bilder oder andere Objekte zu einer Gruppe zusammengefasst werden, während die anderen Flächen frei bleiben.

Geliebte Dekorationen beleben einen Raum. Hat man aber über Jahre hinweg das gleiche Bild vor Augen, nimmt man es irgendwann nicht mehr wahr. Gerade in kleinen Wohnungen kann es sehr belebend wirken, wenn man von Zeit zu Zeit einmal die Dinge auswechselt, die man täglich sieht.

Gegenüber: In einem Vorratsschrank finden alle wichtigen Lebensmittelbestände Platz. Wenn alles versteckt werden soll, muss der Stauraum genau durchdacht sein. Diese Schranktüren bestehen aus lackierten MDF-Platten und sind mit Magnetverschlüssen ausgestattet, die sich auf Fingerdruck öffnen.

Wohnbeispiel

Loft in London

Nichts stört das Gefühl von Geräumigkeit so sehr wie eine Ansammlung von Alltagskrimskrams. Ob sie offen oder unsichtbar aufbewahrt werden: die Habseligkeiten nehmen immer ungefähr gleich viel Platz ein. Ist alles sichtbar, entsteht jedoch eine optische Unruhe, durch die Räume wesentlich kleiner wirken. Wer in einer kleinen Wohnung lebt, braucht ein gewisses Maß an Disziplin, sowohl in Bezug auf die alltägliche Ordnung als auch auf die Versuchungen, Krimskrams anzuhäufen.
Die Bewohner dieses Lofts neigen von Natur aus nicht zu Spontankäufen und bevorzugen eine relativ asketische Lebensweise. In ihrer Wohnung im Loftstil wird das Prinzip des versteckten Stauraums auf die Spitze getrieben. Alle Besitztümer, von Büchern über CDs bis zu Kleidern, sind unsichtbar verstaut, ebenso die Küchenutensilien, die Lichtschalterblenden und die Unterhaltungselektronik. Das Ergebnis ist ein schlichter, sehr edler Raum voller Licht und Ruhe.

Mit einer Grundfläche von etwa 72 Quadratmetern ist diese Wohnung in einer umgebauten Fabrik von den Proportionen her kein eigentlicher Loft. Das Gestaltungskonzept besteht darin, die Raumwirkung optimal auszuschöpfen und gleichzeitig Platz für alle notwendigen Elemente modernen Lebens zu schaffen. Statt die Fläche durch Trennwände zu unterteilen und dadurch den Charakter einer konventionell in Räume aufgeteilten Wohnung zu erhalten, wurde Stauraum samt Versorgungselementen weitgehend an einer Wand eingebaut. Selbst die Toilette wurde in einem Schrank untergebracht. Die Deckenhöhe reichte zum Einbau eines Hochbetts aus, unter dem Platz für einen Arbeitsbereich entstand.

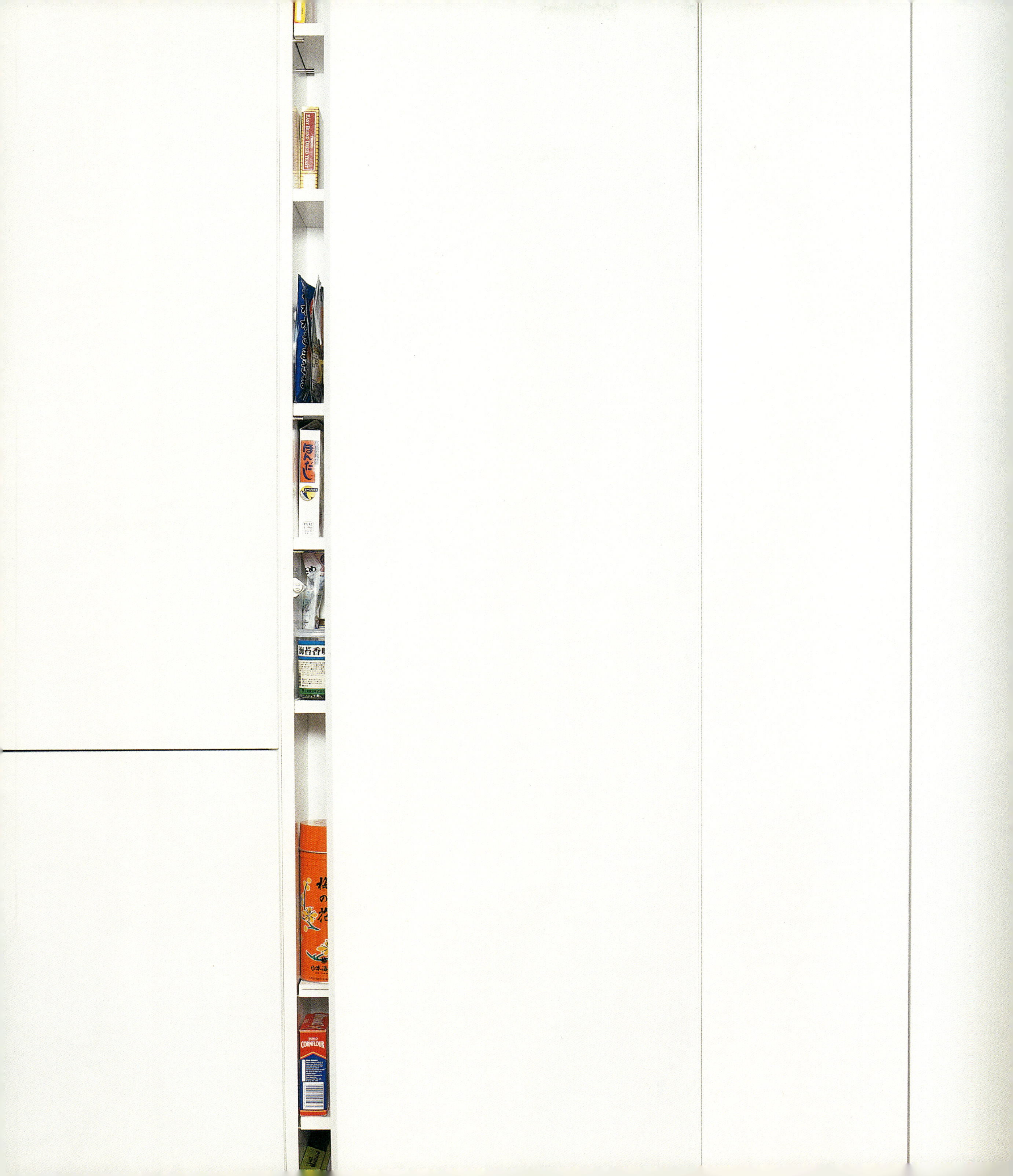
EASY BLEND DRIED YEAST
ほんだし
CORNFLOUR

Links: Ein Schiebepaneel versteckt den Arbeitsplatz. Alle MDF-Platten sind mit seidenmattem, weißem Lack gespritzt. Weil die Wohnung eine Fußbodenheizung hat, wurde Laminatboden mit Birkedekor verlegt. Ein Echtholzboden würde sich zu leicht verziehen.

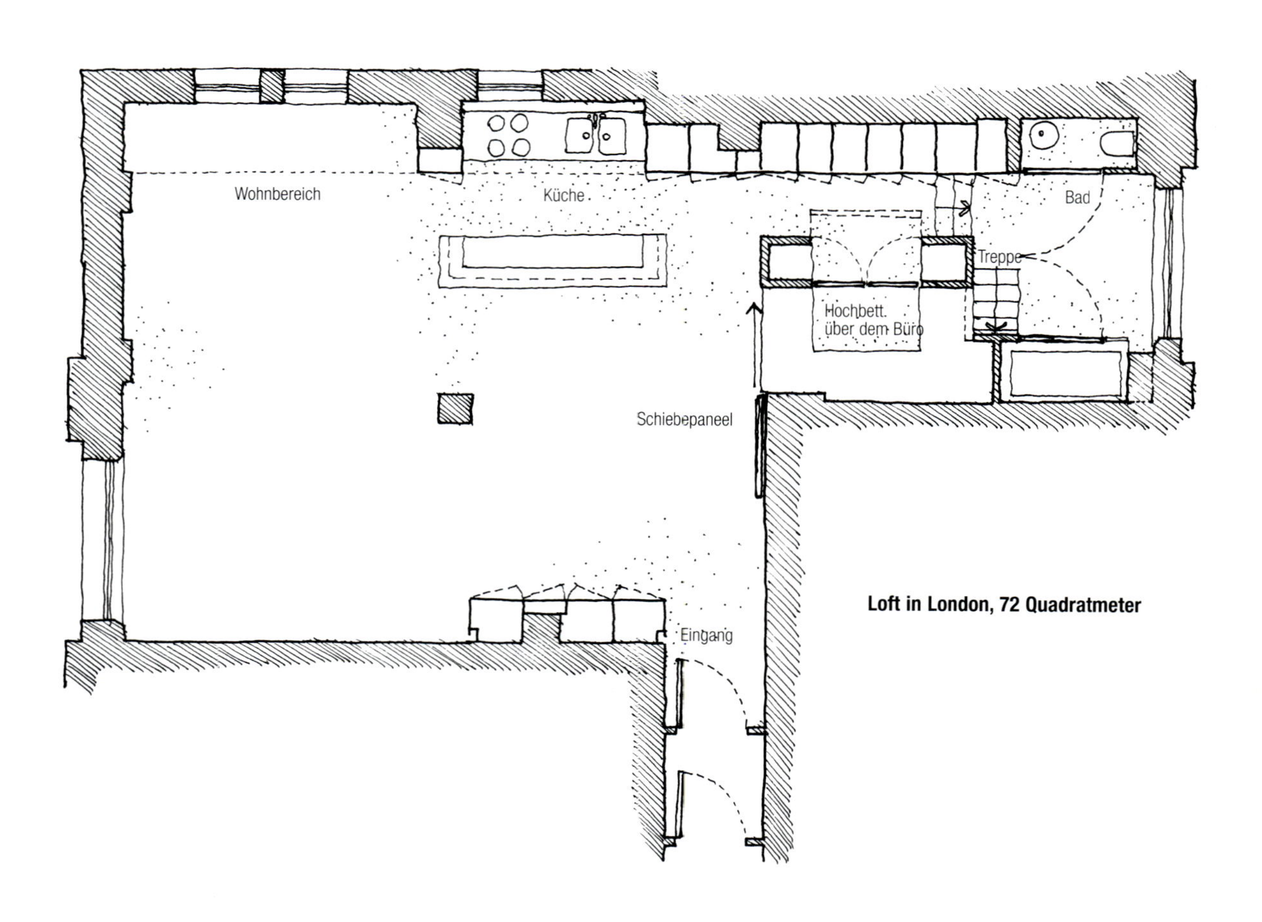

Loft in London, 72 Quadratmeter

Oben: Der Blick durch das geöffnete Schiebepaneel auf den Arbeitsplatz, im Hintergrund die Treppe zur Schlafgalerie. Diese Galerie besteht aus dem Bett und einem umlaufenden Gang, der etwas höher angelegt wurde, um am Arbeitsplatz ausreichende Kopfhöhe zu erhalten.

Rechts: Detailansicht der Küche. Spüle, Kochfeld und Kühlschrank sind in eine Nische in der Wand eingebaut. Davor steht eine Kücheninsel mit Backofen, Spülmaschine und Schrankraum. Durch ein Fenster mit satinierter Glasscheibe hinter dem Kochfeld fällt diffuses Licht.

Oben und links: Das Bett aus Holz steht frei auf einer erhöhten Plattform und braucht darum keine Beine. Ringsum zieht sich ein schmaler Gang.

Ganz oben: Die Lichtschalter sind nicht über die Wohnung verteilt, sondern an zentraler Stelle zusammengelegt. Die konventionellen Schalterblenden sind einfach hinter weißen Platten versteckt, die nur Ausschnitte für die eigentlichen Schalter haben. In viele Schränke sind Deckenfluter eingebaut, die den Raum noch größer erscheinen lassen.

Gegenüber: Detail der Treppe zur Schlafgalerie. Weil Detaildekorationen wie Leisten und Profile fehlen, wirkt der Raum besonders klar.

Rechts: Der Holzeinbau in der »Wohnstellung«. Vor der Wand befindet sich eine niedrige Bank, die als Sofa und Gästebett fungieren kann. Wenn die Wand in die »Arbeitsstellung« geschoben wird, schiebt sich die frei tragend aufgehängte Bank automatisch hinter die geöffneten Paneele.

Wohnbeispiel

Wohnbüro in New York

Ein Arbeitsplatz zu Hause stellt für jede Wohnung eine zusätzliche Belastung dar; wenn aber der Platz ohnehin knapp ist, kann die Einrichtung schwierig werden. In dieser kleinen Zweizimmerwohnung in New York galt es, die Herausforderung zu meistern, Leben und Arbeiten ebenso funktional wie wohnlich zu vereinen. Der Bewohner ist Grafikdesigner und arbeitet ausschließlich zu Hause. Er brauchte also mehr als einen Gelegenheitsarbeitsplatz, der professionell genug aussieht, wenn einmal Kunden zu Besuch kommen.

Die Wohnung ist nur 55 Quadratmeter groß, Platz für ein separates Arbeitszimmer ist nicht vorhanden. Die geniale Lösung besteht darin, einen wandlungsfähigen Raum zu schaffen, der zwei Funktionen miteinander verbindet. Tagsüber wird der Raum als Büro benutzt, am Abend und am Wochenende fühlt er sich ganz wie ein Wohnraum an. Das gelang durch den Einbau einer hölzernen Klappkabine, mit deren Hilfe der Wohnraum in ein Büro und wieder zurück verwandelt werden kann.

Damit diese Lösung reibungslos funktioniert, musste sie genau durchdacht werden. Das Ergebnis ist eine moderne Variante der alten Idee vom Raum im Raum. Das frei stehende Element ersetzt eine Trennwand, die das Schlafzimmer von Wohnraum abgrenzte. In der »Wohnstellung« ist dieses Element ringsum geschlossen, sodass alle Arbeitsutensilien aus dem Blickfeld verschwinden. In der »Arbeitsstellung« wird es geöffnet und gibt zwei komplette Arbeitsplätze frei.

Oben: Werden die großen, zweifach zu klappenden Paneele geöffnet, geben sie zwei komplette Arbeitsplätze frei. Die Paneele bestehen aus Ahorn-Sperrholz und werden an einem Schienensystem an der Decke geführt. Handgriffe, die täglich ausgeführt werden, müssen leicht und reibungslos ablaufen. Die Lösung wirkt zwar sehr einfach, doch steckt die Raffinesse im Detail.

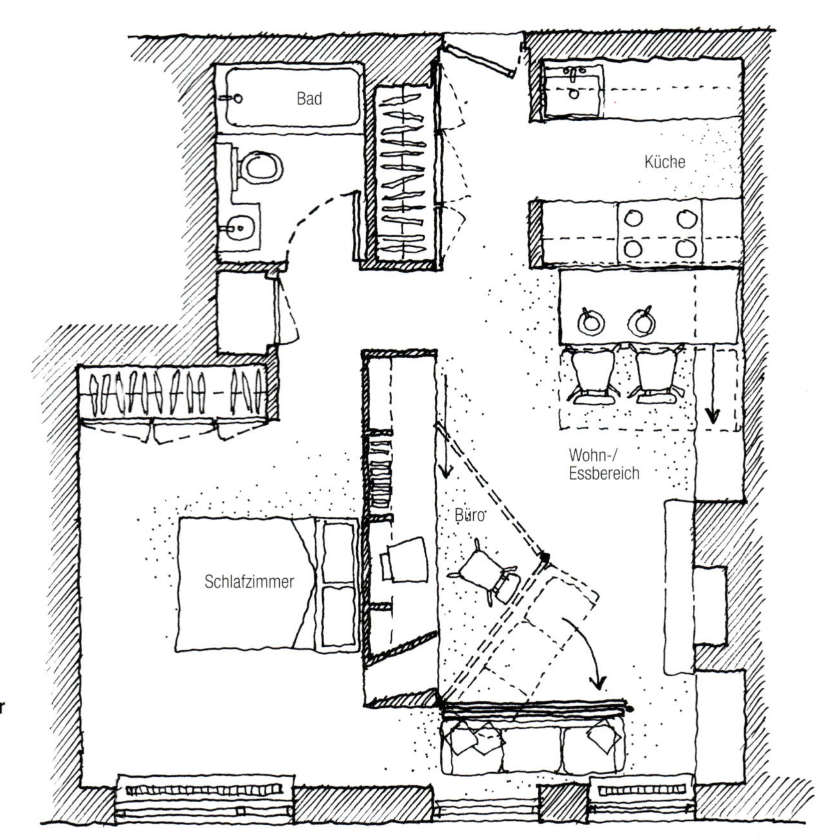

Wohnbüro in New York, 55 Quadratmeter

Oben: Tageslicht geht durch den Einbau nicht verloren: Die offene Fläche im Paneel rahmt das Fenster im Wohnraum ein, das auf den Hudson River blickt. Das zweite Paneel lässt sich umklappen und präsentiert dann Arbeitsproben des Bewohners.

Links: Blick in den Wohn-/Essbereich. Der Tisch auf Rollen kann verschoben und als zusätzliche Arbeitsfläche benutzt werden.

Gegenüber: Die konsequente Schlichtheit beschränkt die visuelle Unruhe auf ein Minimum. Für Licht sorgt ein unauffälliges Schienensystem an der Decke, niedrige Schränke beiderseits des Kamins bieten Stauraum. Die in der Wohnung bereits vorhandenen Bodendielen wurden ebenholzfarbig gebeizt.

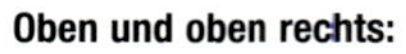

Oben und oben rechts: In geschlossenem und offenem Zustand hat der Einbau an einem Ende eine tiefe Öffnung als »falsches Fenster«, durch das der Blick und das Licht in den angrenzenden Schlafbereich fällt. Die Faltpaneele wirken nicht wie massive Trennwände, weil sie nicht bis an die Decke reichen.

Rechts: Auf der Schlafzimmerseite bilden die Trennpaneele ein hohes Betthaupt mit herausklappbaren Ablagen und fest installierten Lampen.

Tree
Tree
Tree

Register

Bildnachweis

Der Herausgeber dankt den folgenden Fotografen, Agenturen und Architekten für die freundliche Erlaubnis zur Veröffentlichung ihrer Arbeiten:

Umschlagvorderseite: Petrina Tinslay/Arcaid; Umschlagrückseite: Peter Aprahamian/Living Etc/ipc Media; **2** Dan Holmberg/Photonica; **7** Paul Warchol (Architekt: LOT/EK); **8 links** Robert Schoen/Still Pictures; **8 rechts** Mads Mogensen (Architekt: Anders Landstrom); **9 links** Richard Felber; **9 rechts** Verne Fotografie; **10 links** Paul Chesley/ Gettyone Stone; **10 rechts** Michel Arnaud/Judy Casey Inc.; **11** Andreas Pauly/Open Office; **12 links** Michel Arnaud/Judy Casey Inc.; **12 rechts** Nicolas Tosi/Stylist: Catherine Ardouin/Marie Claire Maison; **13 oben** Designer: Douglas Ball; **13 unten** Mark Wagner/ Gettyone Stone; **14 oben** Dave Young; **14 oben Mitte** Dave Young; **14 Mitte unten und unten** Nicholas Tosi/Stylist: Catherine Ardouin/ Marie Claire Maison; **15** Ford Motor Company; **16** Simon Brown/The Interior Archive; **17** Rodney Weidland/Belle/Arcaid; **18–19** Pear Tree (Treehouse) Ltd; **20 oben** Paul Warchol (Architekt: Lee Harris Pomeroy Associates); **20 Mitte und unten** Christoph Kircherer/ Stylist: M.Kalt/ Marie Claire Maison; **21** Paul Warchol (Architekt: Lee Harris Pomeroy Associates); **22** Mads Mogensen (Architekt: Anders Landstrom); **24–25** Chris Gascoigne/ View (Wells Mackereth Architekten); **27** Debbie Treloar/ Homes & Gardens/ipc Media (Architekt: Jonathan Clark); **28** Richard Powers (Architekt: Garry Marshall); **29** Peter Aprahamian/ Living Etc/ipc Media (Architekt: Nico Rench); **30** Richard Powers (Architekt: Robert Dye Associates); **31 oben** Giorgio Possenti/Vega MG; **31 unten** Richard Felber; **32 links** James Morris/Axiom Photographic Agency (Architekt: AH MM); **32 oben rechts** Paddy Eckersly (Formwork Architekten); **32 unten rechts** Nick Carter; **33** Ian Parry/ Abode; **34 oben und unten** Craig Fraser/ Stylist: Shelley Street; **35** Peter Aprahamian/ Living Etc/ipc Media (Architekt: Nico Rench); **36 oben links** Winfried Heinze/Red Cover (Architekt: Gough-Willets); **36 oben rechts** Hotze Eisma/Production: Rianne Landstra/ Taverne Agency; **36 unten** Marianne Majerus (Architekt: Barbara Weiss); **37** Richard Powers; **38–39** Christian Sarramon (Architekt: Gae Aulenti); **41** Mads Mogensen (Architekt: Marco Constanzi); **44–45** Nick Carter; **47** Paul Ryan/international interiors (Designer: Felix Bonnier); **48–49** Solvi Dos Santos; **52–57** Louise Bobbé/Elle Decoration (Architekt: Burd Haward Marston; **58–63** Gracia Branco/ Iketrade (Architekt: Stefano Coro); **64–69** Jonathan Pile/Tonkin Architekten; **71** Alberto Piovano/Arcaid (Architekt: P. Robbrecht); **73** Andrew Bordwin; **75** Richard Glover (Arthur Collin Architekt); **76** Alberto Piovano/Arcaid (Architekt: P. Robbrecht); **77 oben links und rechts** MINH + WASS; **77 unten links, Mitte und rechts** Richard Waite/ Arcaid (Moutard Architekt); **79** Verne Fotografie; **80 oben** Jan Verlinde (Designer: Francis D'Haene); **80 unten** Verne Fotografie (Designer: Francis D'Haene); **81 oben links** Andrew Wood/The Interior Archive (Designer: Kate Blee); **81 oben rechts** Ed Reeve/ Living Etc/ipc Media; **81 unten** Petrina Tinslay/Arcaid (Designer: Valerie Harvey); **82** Nicholas Tosi/Maison Madame Figaro; **83** Richard Bryant/Arcaid (D'Soto Architekten); **84** Alberto Piovano/Arcaid (Architekt: Kris Mys); **85 links** Peter Aprahamian/Living Etc/ipc Media; **85 rechts** Studio-Azzurro Milan (Project: Cutini-Ossino); **86** Jonathan Pile (Architekt: Project Orange); **87 oben und unten** Guy Obijn; **88 oben links und rechts** Richard Bryant/Arcaid (Architekt: Seth Stein); **88 unten links** Richard Powers/Arcaid (Architekt: Margery Craig & Associates); **88 unten rechts** Richard Powers (Architekt: Margery Craig & Associates); **96–101** Jean-François Jaussaud; **105** Richard Glover (Ben Mather Architekten); **106** Jan Verlinde (Architekt: Ponette); **107** Robin Mathews/Homes & Garden/ipc Media (Architekt: Jonathan Freegard); **108 oben und unten** Richard Powers (Architekt: Buschow Henley); **109** Edina van der Wyck/The Interior Archive (Designer: Victoria O'Brian); **110–111** Stephen Inggs/Stylist: Shelley Street; **112 oben** Verne Fotografie (Architekt: Johan Laethem); **112 unten** Ray Main/Mainstream (Architekt: Martin Lee Associates); **113 links** Ray Main/Mainstream (Sergison Bates Architekten); **113 rechts** Chris Gascoigne/View (Architekt: Alan Powers); **115 oben links** Guy Obijn (Architekt: Carlo Seminck); **115 oben rechts** Nick Carter; **115 unten** Peter Aprahamian/Living Etc/ipc Media; **116** Ray Main/Mainstream (Sergison Bates Architekten); **117 oben** Ed Reeve/The Interior Archive; **117 unten** Tim Beddow/The Interior Archive (Architekt: Garrett O'Hagan); **118 links**

Winfried Heinze/Red Cover (Architekt: Tom Pike); **118 rechts** Eric Morin/ Stylist: D. Rozenszroch/Marie Claire Maison; **119** Andreas von Einsiedel; **121** Nick Carter; **122** David Churchill/Arcaid (Architekt: Stickland Coombe); **123 oben** Richard Glover/View (Reading & West Architekten); **123 unten** Ed Reeve/The Interior Archive; **124 oben links und rechts** Eduardo Munoz/The Interior Archive; **124 unten** Jan Verlinde (Claire Bataille & Paul Ibens Design for Obumex); **125 links** Chris Gascoigne/View (Simon Conder Architekten); **125 oben rechts** Chris Gascoigne/View (John Kerr); **125 unten rechts** Chris Gascoigne/View (Wells Mackereth Architekten); **126** Nick Carter; **127 links** Chris Everard/Elle Decoration; **127 rechts** Jonathan Pile (Architekt: Project Orange); **141 links** Eric Morin (Architekt: Sylvie Bouron); **147** MINH + WASS; **149** Chris Everard/ Elle Decoration (Theis & Khan Architekten); **150 links und rechts** Peter Aprahamian/Living Etc/ipc Media (Mathew Priestman Architekten); **151** Dominic Blackmore/Domain (Wells Mackereth Architekten); **152–153 oben** Christoph Kicherer (Architekten: Briffa Phillips); **153 unten** Richard Powers/Elle Decoration (Architekt: Buschow Henley); **154 links** Nick Hufton/View (Anelius Design); **154 rechts** Gilles de Chabaneix/Stylist: M. Kalt/Marie Claire Maison; **155** Jonathan Pile (Architekt: Project Orange); **156 oben** Andrew Wood/The Interior Archive (Architekt: Tonkin Architekten); **156 unten** Peter Cook/View; **157** Dennis Gilbert/View (Conran Design Group); **158** Robert Dye Associates; **159** Winfried Heinze/Red Cover (Architekt: Gough-Willets); **160–161** MINH + WASS; **162–163** Sheva Fruitman;**164 links** Richard Glover/View (Reading & West Architekten); **165** E. Barbe/ Stylist: F. Sportes/Marie Claire Maison; **166** Peter Aprahamian; **167 links** Chris Gascoigne/View (John Kerr); **167 oben rechts** Chris Gascoigne/View (Simon Conder Associates); **167 unten rechts** Debi Treloar/Homes & Gardens/ipc Media (Architekt: Jonathan Clark); **169–173** Interior and Product Designer: Mark Humphrey; **175–177** Vincent Leroux/Stylist: Gael Reyre/Marie Claire Maison (Architekt: Guillaume Terver); **179** Clive Frost (Designer: Ron Arad); **181** Chris Everard/Elle Decoration (Theis & Khan Architekten); **183** Richard Glover (Arthur Collin Architekt); **185** Ray Main/Mainstream (Architekt: Chris Cowper); **186** Chris Tubbs/Red Cover; **188 links** Chris Tubbs/ Living Etc/ipc Media; **188 Mitte und rechts** Ed Reeve/The Interior Archive (Architekt: Adjaye & Associates); Clive Frost (Designer: Ron Arad); **190** Holze Eisma/Production: Rianne Landstra/Taverne Agency; **191** Chris Tubbs/Living Etc/ipc Media; **192–193** Eduardo Munoz/The Interior Archive (Architekt: Picado/De Blas); **194 links** Solvi Dos Santos; **194 rechts** Thomas Stewart/Living Etc/ipc Media (Architekt: Mooarc); **195 oben links und rechts** Richard Powers (Fulham Kitchens); **195 unten links und rechts** Peter Aprahamian/Living Etc/ ipc Media (Architekt: Urban Salon); **196 oben rechts, Mitte und unten rechts** Luke McCarthy (Designer: Huzefa Mongan); **196 oben links und unten links** Ed Reeve/The Interior Archive (Architekt: Adjaye & Associates); **197 oben, Mitte, unten** Thomas Dobbie/ Designers: Shin & Tomoko Azumi; **198** Peter Aprahamian/Living Etc/ipc Media (Architekt: Nico Rench); **199 links** Richard Powers (Architekt: Buschow Henley); **199 rechts** Circus Architekten; **200 oben rechts** Thomas Stewart/Living Etc/ipc Media (Architekt: Mooarc); **200 unten rechts** Jean-Francois Jaussaud; **202 links** Alexander Van Verge/ VT Wonen/ VNU Syndication; **202 rechts** Richard Powers/Elle Decoration (Architekt: Lara Gosling); **203 oben und unten** Peter Aprahamian; **204 links** Jean-François Jaussaud; **204 rechts** Huntley Headworth/ Living Etc/ipc Media; **226** Laurence Monneret/ Gettyone Stone.

Die folgenden Fotos wurden von Conran Octopus in Auftrag gegeben:

90–95 Thomas Stewart (Architekt: Jonathan Pile/Transient); **103** Thomas Stewart (23 Architecture); **114** Thomas Stewart (23 Architecture); **129–131** Thomas Stewart (Theis & Khan Architekten); **132–139** Thomas Stewart (Form Design Architecture); **164 rechts** Thomas Stewart (Architekt: Lara Gosling), **187 links und rechts** Thomas Stewart (Architekt: Lara Gosling); **200 links** Thomas Stewart (Architekt: Lara Gosling); **201** Thomas Stewart (Architekt: Lara Gosling); **205** Thomas Stewart (Architekt: Lara Gosling); **207–211** Thomas Stewart (Mark Guard Architekten); **213–217** MINH + WASS/Conran Octopus (Roger Hirsch Architekt).